HARTMUT SCHWARZKOPF

Staatliche Informationspflichten im Seerecht

Schriften zum Völkerrecht

Band 43

Staatliche Informationspflichten im Seerecht

Von

Dr. jur. Hartmut Schwarzkopf, B. A., J. D.

DUNCKER & HUMBLOT / BERLIN

Meinen Eltern
Arthur und Katherina Schwarzkopf
sowie
George Schwarzkopf

Vorwort

Die wissenschaftliche Annäherung an das Thema folgt in hohem Maße dem pragmatischen anglo-amerikanischen Denken. Dem Verfasser geht es nicht so sehr um die Konstruktion der Rechtsordnung in systematischem, dogmatischem und abstraktem Sinne, sondern er will aufzeigen, was als Inhalt des positiven Rechts konkret faßbar ist.

Es handelt sich hier um eine gründliche und verständige Bestandsaufnahme der Normen, die im Seerecht Informationspflichten der Staaten, ihrer Angehörigen und der für die unter der Flagge der Staaten fahrenden Schiffe verantwortlichen Personen begründen. Als positiv ist dabei hervorzuheben, daß der Verfasser nicht der bei einer Bestandsaufnahme naheliegenden Versuchung erlegen ist, den Problemen der Vergangenheit verhaftet zu bleiben. Er ist vielmehr modernen Fragestellungen offen. In Vergangenheit und Gegenwart festgestellte Informationspflichten werden überzeugend daraufhin untersucht, ob sie den Bedürfnissen der Zukunft genügen. Von daher konstatiert der Verfasser Lücken und notwendige Entwicklungen der Informationspflichten in Bezug auf den Umweltschutz. Zu Recht stellt er fest, die fortführenden Ansätze im Rahmen eines wenn auch bescheidenen Gewohnheitsrechts, die Zahl der in dieser Beziehung abgeschlossenen Verträge und das allgemeine Rechtsbewußtsein lasse heute doch schon den festen Bestand eines Gewohnheitsrechts zumindestens im Hinblick auf drohende schwere Schäden zu. Diese allgemeine Pflicht aus der Staatenpraxis in vielen Bereichen herausgearbeitet zu haben, ist ein besonderes Verdienst der Arbeit. Somit hat Herr Schwarzkopf einen aufschlußreichen Beitrag zu einem sehr aktuellen Thema des modernen Völkerrechts geleistet.

Heidelberg, 12. 12. 1974   Prof. Dr. Karl Doehring

Inhaltsverzeichnis

Abkürzungsverzeichnis

a. A.	=	anderer Ansicht
Abs.	=	Absatz
AJIL	=	American Journal of International Law
Anm.	=	Anmerkung
Annuaire	=	Annuaire de l'Institut de Droit International
Art.	=	Artikel
Bd.	=	Band
BGBl.	=	Bundesgesetzblatt
BRD	=	Bundesrepublik Deutschland
BRT	=	Bruttoregistertonnen
BYIL	=	British Yearbook of International Law
CREAR	=	Christopher Robinson's English Admirality Reports
DDR	=	Deutsche Demokratische Republik
d. h.	=	das heißt
Hague Recueil	=	Recueil des Cours de l'Académie de Droit International de la Haye
IAEA	=	International Atomic Energy Association
ICJ	=	International Court of Justice
IGH	=	Internationaler Gerichtshof
ILM	=	International Legal Materials
IMCO	=	International Maritime Committee Organization
ITT	=	International Telephon and Telegraph
JÖR	=	Jahrbuch für öffentliches Recht
JZ	=	Juristische Zeitschrift
LNTS	=	League of Nations Treaty Series
MIT	=	Massachusetts Institute of Technology
Nr.	=	Nummer
Österr. ZöR	=	Österreichische Zeitschrift für öffentliches Recht
OKM	=	Oberkommando der Marine
RA	=	Recueil des Arbitrages internationaux
RdC	=	Recueil des Cours

Rev. DILC	=	Revue de Droit International et de Legislation Comparée
RGBl.	=	Reichsgesetzblatt
RIAA	=	Reports of International Arbitral Awards
S.	=	Seite
StGH	=	Ständige Internationale Gerichtshof
Sup. Ct.	=	United States Supreme Court
SVN	=	Satzung der Vereinten Nationen
TIAS	=	Treaties and other International Acts Series
UN	=	United Nations
UNTS	=	United Nations Treaty Series
vgl.	=	vergleiche
VN	=	Vereinte Nationen
WVR²	=	Wörterbuch des Völkerrechts, 2. Auflage
ZaöRV	=	Zeitschrift für ausländisches öffentliches Recht und Völkerrecht
z. B.	=	zum Beispiel
ZiPöR	=	Zeitschrift für internationales Privat- und öffentliches Recht
ZiR	=	Zeitschrift für internationales Recht

A. Einleitung

I. Bedeutung der Informationspflicht für das Völkerrecht

Es kann kein Zusammenleben und Zusammenwirken der Menschen oder Völkerrechtssubjekte ohne Information geben. Steinbuch stellt in diesem Zusammenhang zutreffend fest:

„Ohne Information gibt es keine Gesellschaft und ohne Gesellschaft keine Information[1]."

„Information ist Anfang und Grundlage der Gesellschaft[2]." Jeglicher zwischenstaatlicher Verkehr setzt ein Mindestmaß an Informationsaustausch voraus, da „eine funktionierende Informationstechnik Voraussetzung einer funktionierenden Gesellschaft"[3] und eines praktikablen Völkerrechts ist.

Die große Bedeutung und Wichtigkeit von Informationen betont auch Albig, wenn er schreibt:

„Underlying all social process and societal forms is the transfer of meaning between individuals. Social life can exist only when meaningful symbols are transferred from individual to individual. Group activities of any sort are impossible without a means of sharing experiences ...

Communication is the fundamental social process in that the way in which meanings are transmitted must inevitably affect all other social processes and the resultant forms, folkways, mores and institutions[4]."

Dort wo der zwischenstaatliche Verkehr anfängt und sich entfaltet, entsteht gleichzeitig ein Austausch von Informationen auf staatlicher Ebene.

Zur Verwirklichung fast jeder politischen, sozialen oder wirtschaftlichen Handlung ist eine Informationsübertragung erforderlich. Ohne sie wäre weder ein inner-, noch zwischenstaatlicher Verkehr möglich und keiner der vielen nationalen und übernationalen Ziele und Aufgaben realisierbar. Somit ist ein Informationsaustausch, der auf einem gemeinsamen oder zumindestens verständlichen Zeichenvorrat zwischen Sender und Empfänger beruht, die Voraussetzung jeglichen individuellen oder völkerrechtlichen Verkehrs. Umfang, Übertragung und

---

[1] *Steinbuch,* Falsch programmiert, S. 99.
[2] *Steinbuch,* Die informierte Gesellschaft, S. 17.
[3] *Steinbuch,* Falsch programmiert, S. 99.
[4] *Albig,* Modern Public Opinion, in: Festschrift für Verdross, S. 147.

Koordination[5] jener Information stehen in direkter Wechselwirkung zur
Intensität der zwischenstaatlichen Beziehungen. Je mehr Gemeinsam-
keiten es auf politischer, wirtschaftlicher und kultureller Ebene gibt,
desto größer ist der Informationsfluß. Während der Umfang eines
freiwilligen Informationsaustausches völlig vom Willen eines jeden
Staates abhängt, ist das beim obligatorischen Austausch anders. Hier
nämlich wird von jedem Teilnehmer ein Mindestmaß an Information
zur Aufrechterhaltung der Verhaltensregeln, die in jeder menschlichen
und staatlichen Gemeinschaft vorhanden sein müssen, gefordert.

Für den inner- und zwischenstaatlichen Verkehr ist es sowohl für die
Gegenwart als auch für die Zukunft zunächst einmal wichtig, Informationen zu erhalten.

Erst der Besitz von Informationen auf den verschiedensten Gebieten
ermöglicht eine richtige Auswahl von Fakten und Daten, die zu einer
korrekten oder zumindestens brauchbaren Entscheidung führen[6]. Der
Wert einer Information hängt in der Regel davon ab, inwieweit sich für
den Interpreten etwas Brauchbares ergibt[7]. Zur brauchbaren Information für ein Völkerrechtssubjekt gehört jegliche Information, die gefährliche Ereignisse offenbart, indem sie die Aufmerksamkeit auf ein
unbekanntes Ereignis lenkt. Weiterhin ist jede Information brauchbar,
die eine richtige Entscheidung ermöglicht, zur Lösung von Problemen
beiträgt, der Aufklärung zwischenstaatlicher Konflikte dient und die
Verwirklichung festgelegter Aufgaben fördert.

----

[5] „Ohne ständige Koordination und intensiven Erfahrungsaustausch kann
es auch zu keinem reibungslosen Informationsfluß zwischen den einzelnen
Rechtsordnungen kommen. Daß davon nicht nur das Gemeinschaftsrecht
profitieren würde, bedarf keiner besonderen Begründung." *Simitis*, Informationskrise des Rechts, S. 161.

[6] „Richtig entscheiden kann nur, wer richtig informiert ist. Von Jahr zu
Jahr aber wird es schwieriger, sich die richtigen Informationen zu beschaf-
fen, denn mit dem Wissen und der zunehmenden Differenzierung in allen
Bereichen wächst der Wissenstoff." Das Juristische Informationssystem, Analyse, Planung, Vorschläge des Bundesministeriums der Justiz, S. 3.

[7] „Der Wert der Information kann quantitativ dadurch angegeben werden,
daß man untersucht, um wieviel die Information bei der Lösung des Problems weiterführt." *Steinbuch*, Die informierte Gesellschaft, S. 41. In der
Untersuchung der Gesundheitsgesetze der WHO über übertragbare Krank-
heiten kam man zu folgenden Ergebnissen: „The notification of disease ...
can only be justified if it serves a demonstrably useful and indeed necessary
purpose. Clearly, it gives information as to the incidence of disease, both in
regard to the rate at which it is occurring, its age and sex distribution, the
time of year in which it is prevalent, and the place in which it is found. Se-
condly, it is essential for the immediate local control of those diseases in
which control seems practicable. Thirdly, it ensures that appropriate care,
including if necessary, hospital care is offered. Finally, it may be of use as a
means of providing a comprehensive list of cases which then become the
basis of further study, either clinically, or in regard to aetiology or epi-
demiology, or in regard to the formation of policies relating to their control."
WHO, Survey, S. 4.

Es steht fest, daß ein Informationsaustausch Voraussetzung für den Erfolg jeglicher völkerrechtlicher Bemühungen nach gemeinsamen Mindestregelungen ist, um ein akzeptables Gleichgewicht[8] zwischen den verschiedenen Interessen und Bedürfnissen der Völkerrechtssubjekte anzustreben.

Zur Deckung des Informationsbedarfes ergaben sich Informationspflichten, sowohl aus Gewohnheiten und Gewohnheitsrecht, als auch aus zahlreichen zwischenstaatlichen Verträgen in den verschiedensten Bereichen des internationalen Zusammenlebens.

II. Zweck der Untersuchung

Zweck dieser Arbeit ist die Feststellung und Untersuchung einiger Informationspflichten auf dem Gebiet des Seerechts und des Umweltschutzes mit dem Ziel, festzustellen, inwieweit eine allgemeine Informationspflicht zur Vermeidung zwischenstaatlicher Konflikte, zur Verhinderung von Sachschäden und zum Schutze der Menschen bereits besteht oder im Werden begriffen ist.

Bei der Untersuchung obligatorischer Informationsübertragungen ist das Seerecht von besonderem Interesse. Wegen staatlicher und wirtschaftlicher Interessen gelang es auf diesem Gebiet, größere internationale Fortschritte im Vergleich zu anderen Bereichen zu erzielen. Es war schon seit langer Zeit ein wichtiges Ziel der Staaten, ein Mindestmaß (minimum order) an Ordnung auf dem Gebiet des Seerechts zu schaffen[9]. Dies geschah nicht nur, um sich vor Kriegs- und Naturgefahren zu schützen, in der Absicht materiellen und menschlichen Schaden zu verhindern, sondern auch aus egoistischen Erwägungen. Die Staaten waren verständlicherweise schon immer am ehesten bereit, dann Informationen zu liefern, wenn Gefahren auf sie zukamen, die die eigenen Interessen berührten. In heutiger Zeit besteht unter anderem auch gerade auf dem Umweltschutzsektor ein großer Bedarf an Informationspflichten, um sich vor Gefahren zu schützen und sie gemeinsam zu überwinden. Im Gegensatz zu anderen völkerrechtlichen Gebieten hat der Umweltschutzbereich äußerst wenig Zeit, internationale Rechte und Pflichten zu entwickeln, um die enormen weltweiten Verseu-

---

[8] *Sørensen*, The Law of the Sea — International Conciliation, S. 199.

[9] „No state in the world today is free to do what it wants to do, not even the USA, U.S.S.R. or China. We are all caught in the constraints of this effective power process; the network of continuing impacts, of potential reciprocities and retaliations, circumscribes the globe. ... every state of the world has an interest in protecting the community processes on its land masses from dangers and threats from the oceans." *McDougal*, International Law and the Law of the Sea, in: Alexander, The Law of the Sea, S. 5 - 8.

chungsprobleme einzuschränken und einen effektiven völkerrechtlichen
Schutz zu gewähren.

Daher werden Völkerrechtssubjekte bei der Suche nach Informationspflichten u. a. auf andere Bereiche zurückgreifen, soweit deren
Pflichten entsprechend übertragbar sind. Gerade für diesen Bedarf
sind einige Informationspflichten des Seerechts besonders geeignet[10],
nicht nur, weil sie seit längerer Zeit bestehen, sondern auch weil sie
aus einem umfangreichen Gebiet, dessen Gefahren die mächtigen Staaten zu gemeinsamen Handlungen bewegt hatte[11], herkommen.

---

[10] „The sea is central to concern for the world environment." Henkin,
Politics and the changing Law of the Sea, in: The Political science Quarterly,
1974, S. 64.

[11] „Die Internationalität der Seeschiffahrt macht es notwendig, auf völker-
rechtlichem Wege Mindestsicherheitsstandards zu vereinbaren, die den legi-
timen Interessen aller Staaten zur Entwicklung der internationalen Zusammenarbeit auf dem Gebiet der Schiffssicherheit dienen." Henkin, S. 243.

B. Der Informationsbegriff

I. Definition und Abgrenzung des Informationsbegriffes

1. Mangel an einer völkerrechtlichen Definition

Angesichts der Tatsache, daß „Information Anfang und Grundlage der Gesellschaft ist" und „möglicherweise eine ähnliche grundlegende Bedeutung für die wissenschaftliche Entwicklung haben wird, wie die Begriffe Materie und Energie für die bisherige Entwicklung schon hatten"[1], muß der Begriff Information näher untersucht werden. Erst wenn die elementaren Aspekte dieses Begriffs festgelegt sind, gegenwärtig besteht im Völkerrecht keine spezielle Definition über den Begriff der Information, kann in nächster Zeit auf internationaler Ebene ein größeres Maß an Klarheit und Einigkeit über das, was unter Information zu verstehen ist, erzielt werden.

In keinen Völkerrechtsquellen ließ sich eine allgemein für das Völkerrecht geltende Definition finden, obwohl gerade seit dem 2. Weltkrieg immer häufiger Informationspflichten in internationalen Abkommen und Konventionen vereinbart wurden. Nur aus dem inhaltlichen Zusammenhang vieler bi- oder multilateraler Verträge ergaben sich erste Ansätze für Informationsbegriffe.

Auch unter den Begriffsbestimmungen, wie sie öfter am Anfang vieler nationaler Gesetze[2] oder in einzelnen Verträgen[3] zu finden sind, existierte kein eindeutiger Informationsbegriff. Weiterhin war bei der Untersuchung mehrerer völkerrechtlicher Lehrbücher keine Definition oder Erklärung zu finden, was unter Information zu verstehen ist. So war der Verfasser gezwungen, außerhalb des juristischen Bereiches nach einer Erklärung zu suchen, von der allgemein ausgegangen werden und die für das Völkerrecht Verwendung finden kann. Ein Rückgriff auf den allgemeinen Sprachgebrauch allein genügt aufgrund der

---

[1] *Steinbuch*, Falsch programmiert, S. 102.

[2] Siehe z. B. die „Uniform Commercial Codes", die „Uniform Negotiable Instrument Codes" und die „Uniform Sale Codes" der amerikanischen Bundesstaaten; vgl. weiterhin die Federal Statutes der Common-Law-Länder.

[3] So z. B. im Fernmeldevertrag vom 21. 12. 1959, Begriffsbestimmungen, Kapitel VI, BGBl. 1962, II 2173.

2*

verschiedenen Sprachen und politischen Systeme nicht. Für die Untersuchung der Informationspflichten im internationalen Recht sowie für ein besseres Verständnis des Informationsbegriffes muß eine Beschreibung der derzeitigen Definitionsversuche, wie auch ein Definitionsvorschlag vorangestellt werden.

Steinbuch stellt fest, „daß in den meisten Nachschlagwerken philosophischer, psychologischer und nachrichtentechnischer Ausrichtung nur wenig Hilfe bei der Suche nach einer gründlichen Erklärung vorhanden ist"[4].

Dennoch erscheint es unbedingt erforderlich zu versuchen, aus den verschiedenen Ansichten und Erläuterungen, die sich bei einigen Autoren feststellen ließen, eine Definition des Begriffs der Information zu gewinnen.

2. Allgemeine Definition

Die am weitgehendsten Informationsbegriffe stellen Fritz Eberhard[5] und Norbert Wiener[6] auf, die jedoch für diese Arbeit zu allgemein und daher ungeeignet sind. Für das moderne Völkerrecht wäre dagegen die Definition von Weizsäcker über den Informationsbegriff verwertbar. Er meint:

„Information ist nach heutigem Sprachgebrauch Mitteilung von Tatbeständen. Information ist, was eine Information ausgibt, was in statistischen Dokumentationen, diplomatischen Berichten, in den Meldungen der Geheimdienste enthalten ist[7]."

Diese Auffassung deckt sich mit dem, was in der Umgangssprache unter Information verstanden wird. Sie stimmt auch im wesentlichen mit den folgenden zwei Definitionen überein:

„Information — (Einformung, Bildung, Gestaltung) — allgemein die Nachricht, die Mitteilung oder Auskunft, die Unterrichtung, auch im übertragenen Sinne; in der Theorie der Nachrichtenübertragung jede Kenntnis über Tatsachen, Ereignisse oder Abläufe, die durch Nachrichten übermittelt werden kann[8]."

---

[4] *Steinbuch*, Falsch programmiert, S. 102.

[5] „Information ist jedes physikalische Ereignis, das eine Bedeutung hat. Wir haben bei Information stets einerseits ein physikalisches Ereignis, sei das nun eine einfache Geste oder etwas so kompliziertes wie eine Anordnung von Sprachlauten oder Schriftzeichen. Das ist der sog. Informationsträger. Anderseits haben wir eine psychologische Erscheinung, die sog. Semantik der Information." *Eberhard*, Das Recht auf Information, S. 45.

[6] „Information ist Information, nicht Materie und nicht Energie. Materialismus, welcher diesem nicht gerecht wird, ist heutzutage indiskutabel." *Wiener*, in: *Steinbuch*, Die informierte Gesellschaft, S. 38.

[7] *Weizsäcker*, Die Einheit der Natur, S. 41.

[8] Brockhaus Enzyklopädie, Bd. 9, S. 112.

„Information —

1. an informing or being informed; especially, a telling or being told of something.
2. something told; news; intelligence; word.
3. knowledge acquired in any manner; facts; data; learning; lore.
4. a person or agency answering questions as a service to others[9]."

Es ist anzunehmen, daß die Verfasser internationaler Verträge, zu deren Inhalt eine oder mehrere Informationspflichten gehören, zum Teil von diesen Informationsbegriffen ausgehen. Ohne die Mitteilung und Unterrichtung von Tatbeständen, Ereignissen oder Abläufen, die ein Informationsbüro, eine Person oder eine Behörde ausgeben, ist ein Informationsbegriff nicht denkbar.

In diesen Definitionen werden jedoch nur allgemeine Aspekte der Bildung, Gestaltung von Nachrichten und deren Übermittlung von bereits geschehenen als auch bevorstehenden Ereignissen aufgezeigt.

Der Informationsbegriff muß jedoch präziser gefaßt werden, um für das Völkerrecht von Nutzen zu sein.

3. Definitionsvorschlag des Bundesministeriums

So könnte man unter Information „dasjenige Ergebnis der Interpretation einer Nachricht oder einer Kombination von Nachrichten verstehen, das in eine Entscheidung (die Wahl zwischen Alternativen) eingeht. Speziell bei einem menschlichen Akteur ist das die aus der Nachricht neu erworbene Kenntnis. Es kommt dabei nicht darauf an, ob die Information in einen laufenden oder unmittelbar bevorstehenden Entscheidungsprozeß eingeht oder erst durch Veränderung des Leitbildes für zukünftige Entscheidungen gespeichert wird"[10].

Für den völkerrechtlichen Verkehr und das Völkerrecht selbst ist jedoch die gegenwärtige Funktion der Information wichtiger als die Speicherung für zukünftige Entscheidungen. Die Praxis der Staaten sowie der Wortlaut vieler bestehender Informationspflichten lassen darauf schließen, daß die übertragenen Informationen sofort in einen laufenden oder unmittelbar bevorstehenden Entscheidungsprozeß eingehen sollen. Gerade wenn die gegenwärtigen vitalen Interessen (z. B. Sicherheit, Wirtschaft, Existenz) eines Staates oder einer Staatengemeinschaft betroffen sind, berufen sich die Völkerrechtssubjekte u. a. auch auf eine vertragliche oder gewohnheitsrechtliche Informationspflicht, um ihren Bedarf an Informationen zu decken.

---

[9] Webster's New Twentieth Century Dictionary, S. 940.
[10] Das Juristische Informationssystem, Analyse, Planung, Vorschläge des Bundesministeriums der Justiz, Bonn, 1972, S. 30.

Durch die Übermittlung einer neu erworbenen Kenntnis soll ein Beitrag zum gegenwärtigen Entscheidungsprozeß geleistet werden. Jeder Staat erkennt die selbstverständliche Funktion einer Information für den zukünftigen Entscheidungsprozeß an und ist bereit, sie für diesen Zweck zu speichern und zu liefern. Eine Anzahl von Verträgen, die hier noch untersucht werden, wird dieses bestätigen.

Der potentielle Wert der gespeicherten Nachricht wird durch zahlreiche vereinbarte Informationspflichten unter den Völkerrechtssubjekten, speziell in Verträgen mit internationalen Organisationen, bestätigt. Ihr aktueller Wert zeigt sich jedoch erst nach der Nachrichtenverarbeitung.

Für die Feststellung und das gemeinsame Verständnis des potentiellen und aktuellen Wertes einer Information muß eine allgemeine Definition aufgestellt werden. Die hiesigen Aufzeichnungen über den Informationsbegriff und der Versuch, eine Definition zu finden, die für alle brauchbar ist, sollen als ein Beitrag zur Entwicklung und Präzisierung einer allgemeinen völkerrechtlichen Definition gelten.

Die folgenden Untersuchungen der einzelnen speziellen Informationspflichten im Seerecht lassen sich in den folgenden Definitionsvorschlag einordnen.

II. Die Notifikation

Bei jeder völkerrechtlichen Definition des Informationsbegriffes müssen tatsächliche (Bekanntgabe, Mitteilung, Übermittlung eines Ereignisses) und rechtliche Aspekte berücksichtigt werden. Wenn sich nämlich an die Mitteilung einer rechtserheblichen Tatsache eines Völkerrechtssubjektes an ein anderes Völkerrechtssubjekt bestimmte Rechtsfolgen knüpfen, spricht man im Völkerrecht von einer Notifikation[11]. Sie gilt allgemein im Völkerrecht als ein einseitiges Rechtsgeschäft, das die Willenserklärung eines einzelnen Staates enthält, die auf einen Rechtserfolg gerichtet ist und zur Änderung eines Rechtszustandes oder zur Begründung eines neuen Rechtsverhältnisses führen kann. Die Notifikation kann nach allgemein anerkannter Auffassung entweder freiwillig (fakultativ) oder obligatorisch[12] sein.

„Im einzelnen kann eine Notifizierung deklaratorischer oder konstitutiver Natur sein. In der Regel ist sie nur eine Mitteilung über eine schon bestehende Lage, ein schon existierendes Recht, also kein notwendiger Bestandteil der Rechtshandlung oder des Rechtsgeschäftes, das Gegenstand der Mitteilung ist[13]."

---

[11] Vgl. *Verdross*, Völkerrecht, S. 156; *Oppenheim / Lauterpacht* verstehen unter Notifikation: „... the communication to other states of certain facts and events of legal importance". International Law, Bd. I, S. 874.

[12] *Verdross*, S. 156.

Der Zweck der Notifizierung, meint Dahm, kann sein,

„klare Verhältnisse zu schaffen und die Stellungnahme anderer Staaten zu provisieren, um so die Vorteile zu erlangen, die sich aus der Untätigkeit der anderen Staaten ergeben. Wenn ein Staat anderen Staaten oder der Öffentlichkeit eine bestimmte Aktion oder seine Auffassung über das Bestehen gewisser Rechte und Ansprüche notifiziert, so können die Empfänger der Mitteilung sich nicht mehr auf Unkenntnis berufen. Sie haben dann möglicherweise, wollen sie den Verlust ihrer Rechte verhindern, ihren Dissens zum Ausdruck zu bringen[14]."

Diese amtliche Mitteilung einer völkerrechtserheblichen Tatsache, die meistens durch diplomatische Note erfolgt[15], muß bei der Aufstellung einer Definition der Information für das Völkerrecht berücksichtigt werden.

Um sowohl den tatsächlichen als auch den rechtlichen Aspekten der Information Rechnung zu tragen, empfiehlt der Verfasser folgenden Informationsbegriff:

Information ist die Übertragung von Angaben über bestehende oder zukünftige Ereignisse oder Rechtshandlungen, die für den Informationsempfänger gegenwärtig oder zukünftig von tatsächlicher, gegebenenfalls von rechtlicher Bedeutung ist.

Die Informationsübertragung erfolgt auf verschiedenen Ebenen, im innerstaatlichen Bereich zwischen natürlichen Personen, zwischen natürlichen und Juristischen Personen des öffentlichen oder des privaten Rechts und zwischen Juristischen Personen des öffentlichen und privaten Rechts untereinander. Im zwischenstaatlichen Bereich findet die Informationsübertragung zwischen den Staaten oder internationalen Organisationen statt. Der Austausch kann auch zwischen Völkerrechtssubjekten und einzelnen Personen (so z. B. zwischen einem Küstenstaat und einem Kapitän) stattfinden.

In dieser Arbeit wird nur der Informationsaustausch auf internationaler Ebene berücksichtigt.

III. Freiwillige und obligatorische Informationsübertragung

Die Information wird entweder freiwillig oder aufgrund einer Verpflichtung abgegeben, gleichgültig auf welcher Ebene sie ausgetauscht wird. Dabei hängt das Ausmaß und die Intensität des Austausches direkt von den zwischenstaatlichen Beziehungen und jeweiligen staatlichen Interessen ab.

---

[13] *Dahm*, Bd. III, S. 166.
[14] *Dahm*, Bd. III, S. 166.
[15] *v. Münch*, S. 83.

Zu dem freiwilligen Informationsaustausch muß man auch jenen Austausch rechnen, der aus Courtoisie stattfindet. Aus dem Gefühl der gegenseitigen Achtung und Rücksichtnahme entsteht solch ein Courtoisieinformationsaustausch, wie z. B. die Grußpflicht (Salut) der Schiffe, die sich auf Hoher See begegnen sowie die Übung, einem Gesandten, der sein Beglaubigungsschreiben überreicht, bestimmte Mitteilungen zu machen. In vielen Bereichen des zwischenstaatlichen Verkehrs kam es jedoch nur so lange, wie Gegenseitigkeit gewährleistet war, zu einem Courtoisieaustausch. In dem Augenblick der Änderung der Beziehungen wurde der freiwillige Austausch erschwert, oft sogar unterbrochen. Eine solche Unterbrechung erschwerte nicht nur die zwischenstaatliche Zusammenarbeit, sondern auch die Lösung der aufgetretenen Krise. In den Fällen, wo die Unterlassung einer Informationsübertragung den zwischenstaatlichen Verkehr auf Hoher See in ganz besonderem Maße gefährdet, muß eine völkerrechtliche Informationspflicht zur Entstehung gelangen. So ergaben sich obligatorische Informationspflichten, die ganz unabhängig von den jeweiligen Beziehungen eingehalten werden mußten.

In dieser Untersuchung geht es darum, diese Verpflichtungen ausfindig zu machen. Dagegen werden die freiwilligen Informationsübertragungen nicht berücksichtigt, da sonst der Rahmen der Arbeit gesprengt worden wäre.

Die obligatorischen Informationspflichten sind für das Völkerrecht von Bedeutung, da bei ihnen eine rechtliche Relevanz zu erkennen ist. Eine Mißachtung einer gewohnheitsrechtlichen oder vertraglichen Pflicht könnte z. B. ein Verstoß gegen das Völkerrecht sein.

Bei den obligatorischen Informationspflichten muß man zwischen völkerrechtlichen Informationspflichten, die sich bei der Vornahme von Handlungen ergeben, die im freien Belieben eines Staates liegen (z. B. Kriegserklärung oder Blockade) und solchen Informationspflichten, die zwangsläufig aus einem unkontrollierbaren Ereignis resultieren (z. B. Bekanntgabe einer ausgebrochenen Seuche oder einer Ölverpestung) unterscheiden. In den Fällen, in denen die Informationspflicht eine Voraussetzung oder ein Bestandteil der vom Staat freiwillig ausgewählten Handlung ist, kann ein Staat sich durch Nichtausführung der Handlung der Informationspflicht entziehen. Dies ist jedoch nicht mehr möglich, wenn ein Staat sich entschlossen hat zu handeln und diesen Plan auch durchführt.

In diesem Augenblick hat er die bestehenden Informationspflichten zu erfüllen. Unterläßt das Völkerrechtssubjekt die von ihm geforderte Mitteilung oder liefert es freiwillig oder unfreiwillig eine falsche Information, die zu Schäden führt, so kann das rechtliche Folgen haben.

Anhand des Seekriegs- und Seefriedensrechts kann man einige Informationspflichten aufzeigen, die bei Nichteinhaltung rechtliche Folgen nach sich ziehen, so z. B. die Nichtankündigung eines Krieges, Verstöße gegen die Regeln des Neutralitätsrechts im Kriege durch die Nichtankündigung von Blockaden und die Nichtankündigung von Minenlegung, in Friedenszeiten das Nichteinhalten der Identifizierungsverpflichtungen, der Verpflichtung zur Bekanntgabe und Weitergabe von Gefahren auf den Meeren und Flüssen sowie deren Verseuchungen durch Öl und radioaktives Material.

C. Informationspflichten im Seekriegsrecht

I. Die Kriegserklärung

1. Geschichtlicher Überblick

Eine der ersten allgemeinen Informationspflichten zur Vermeidung zwischenstaatlicher Konflikte, zur Verhinderung von Sachschäden und zum Schutze der Menschen, für deren Unterlassung ein Staat zur Verantwortung gezogen werden kann, war die Kriegserklärung. Ihre Bedeutung ist erst in diesem Jahrhundert völkerrechtlich bestätigt worden, obwohl sie schon vor 2000 Jahren praktiziert wurde. Die Staaten der Antike sahen sie jedoch mehr als eine sittliche, denn rechtliche Pflicht an. Sie betrachteten es als verachtenswert und ungerecht, einen anderen Staat, mit dem man vorher in friedlichen Beziehungen gelebt hatte, anzugreifen, ohne vorher den Krieg erklärt zu haben.

Diese Einstellung zeigte sich deutlich bei den griechischen Stadtstaaten, die eine formelle Ankündigung eines Krieges als eine heilige Pflicht ansahen[1]. Gesandte, die aus religiösen Gründen und durch die ausdrückliche Zusicherung ihrer Unantastbarkeit diplomatischen Schutz genossen, kündigten formell den Krieg an. Ein Krieg ohne vorherige Ankündigung wurde als barbarisch und unwürdig angesehen[2].

Auch bei den Römern war man der Ansicht, daß Kriege gegenüber zivilisierten Staaten von Priestern angekündigt werden sollten. Im römischen Recht wurde dagegen schon die rechtliche Seite der Kriegserklärung betont. Demnach war ein Krieg nicht schon dann „gerecht", wenn ihm eine „iusta causa" zugrunde lag, sondern erst dann, wenn er auch in der vorgeschriebenen Form erklärt worden war[3]. Es war Aufgabe eines Mitglieds des Priesterkollegiums der Fetialen, den Gegner

---

[1] Vgl. *Kiechle*, Zur Humanität der Kriegsführung der griechischen Staaten, S. 129 ff.; *Ténékides*, Droit international et communautés fédérales dans la Grèce des cités, S. 469 ff.; *Hampl*, Die griechischen Staatsverträge des 4. Jahrhunderts, S. 5 ff.; *Schaeder*, Das Persische Weltreich, S. 28 ff. Aus einer Untersuchung der 218 Staatsverträge des Altertums, die Rudolf von Scala zusammenstellen konnte, ergaben sich keine vertraglichen Pflichten zur Kriegserklärung. Auch sonstige Informationspflichten waren hier nicht enthalten. *Scala*, S. 4 ff.

[2] *Preiser*, in: WVR², Bd. III, S. 682.

[3] *Preiser*, in: WVR², Bd. III, S. 685.

formell aufzufordern, Ersatz oder Genugtuung zu leisten und falls dem nicht entsprochen wurde, die feierliche Kriegserklärung abzugeben[4].

Wie oft die Kriegserklärung jedoch tatsächlich von den verschiedenen Staaten im Laufe der Jahrhunderte abgegeben wurde, ist wohl nicht festzustellen. Wichtig ist jedoch, daß sich seit dem Römischen Reich eine Wandlung vollzogen hat. Zum ersten Mal hatten die Römer neben der sittlichen und religiösen Auffassung auch die rechtliche Seite der Kriegserklärung hervorgehoben.

Nach dem Verfall des Römischen Reiches entwickelte Augustinus (354 - 430 n. Chr.) im Anschluß an das „jus fetiale" der Römer und der christlichen Rechtsphilosophie seine Lehre über den rechtmäßigen Krieg. Er sprach jedoch nie von einer Kriegserklärungspflicht. Sie wurde erst in den Werken von Thomas von Aquino (1225 - 1274 n. Chr.) wieder erwähnt. In seiner Schrift „Summa Theologica Secunda Secundae Quaestio" beschrieb er die Voraussetzungen für den gerechten Krieg. Dazu gehörte, daß der Krieg von souveränen Fürsten erklärt und geleitet wurde, damit er als rechtmäßig angesehen werden konnte[5]. Somit wurde die alte griechisch-römische Informationspflicht der Kriegserklärung im Mittelalter wieder hervorgehoben und bestätigt. Dieser von Thomas von Aquino weiterentwickelte Ansatz der christlichen Völkerrechtslehre wurde dann im 16. Jahrhundert in der spanischen Völkerrechtslehre von de Vitoria (1480 - 1546) und Suarez (1548 bis 1617) sowie anderen Gelehrten erweitert und vertieft. Sie erarbeiteten über den schon früher entwickelten Begriff des modernen Völkerrechts hinaus die Idee der universalen Staatengemeinschaft und des von ihr getragenen universellen Völkerrechts[6].

Weder sie, noch ihr großer Nachfolger Hugo Grotius (1583 - 1645), der das erste System des Völkerrechts darstellte, hatten Einwände gegen die Pflicht der Staaten, den Krieg zu erklären.

Colombos stellte in seiner kurzen seerechtlichen Abhandlung über diese Informationspflicht fest, daß die Mehrheit der früheren Völkerrechtsgelehrten der Auffassung waren, daß irgendeine öffentliche Erklärung für den Anfang eines Krieges notwendig sei. Nach ihrer Auffassung gehörte zu einem rechtmäßigen Krieg auch die Kriegserklärung[7].

---

[4] Vgl. *Philipson*, The International Law and Custom of Ancient Greece and Rome, Bd. I und II, S. 10 ff.; *Heuss*, Die völkerrechtlichen Grundlagen der römischen Außenpolitik in republikanischer Zeit, S. 1 ff.

[5] Vgl. *Reibstein*, Völkerrecht, S. 139.

[6] *Verdross*, S. 139.

[7] *Colombos*, Internationales Seerecht, S. 446.

Valin behauptete im Jahre 1770 sogar, daß die Operationen des Admirals Boscawen in Nordamerika im Jahre 1754 infolge Fehlens einer Kriegserklärung Akte der Piraterie gewesen seien[8].

2. III. Haager Konvention von 1907

Erst auf der II. Haager Konferenz von 1907 kam es zu einer multilateralen Vertragspflicht, den Krieg zu erklären. Um der Ungewißheit ein Ende zu bereiten als auch die entstehenden Gefahren zu konkretisieren, einigten sich die Staaten in der Konvention über den Beginn von Feindseligkeiten[9], daß Kriege nicht ohne vorausgehende Ankündigung beginnen dürften.

Art. 1 der Konvention legte folgende Notifikationspflicht fest:

„Die Vertragsmächte erkennen an, daß die Feindseligkeiten unter ihnen nicht beginnen dürfen ohne eine vorausgehende unzweideutige Benachrichtigung, die entweder die Form einer mit Gründen versehenen Kriegserklärung oder die eines Ultimatums mit bedingter Kriegserklärung haben muß[10].“

Eine Einigung über den Zeitpunkt der Abgabe der Kriegserklärung konnte jedoch auf der Konferenz nicht erzielt werden.

Der englische See-Experte meinte dazu:

„Though it is now the duty of a state to make a declaration with reasons or an ultimatum before commencing hostilities, there is nothing in the Convention, and indeed it was found impossible to insert anything, to prevent a surprise or require an interval of time between the declaration and the first act of hostilities. The use of a declaration does not exclude surprise but it at least provides that notice shall be served an infinitesimal space of time before a blow is struck[11].“

Nach der Notifikation treten die völkerrechtlichen Folgen des Kriegsausbruches ein.

„Mit Beginn der Feindseligkeiten hat eine kriegführende Partei das Recht, feindliche Handelsschiffe auf allen Seegebieten außerhalb der neutralen Hoheitsgewässer aufzubringen und einzuziehen. Alle feindlichen Kriegs- und Staatsschiffe dürfen auf Hoher See oder in den Hoheitsgewässern der kriegführenden Parteien von Kriegsschiffen jederzeit warnungslos angegriffen werden[12].“ Handelsschiffe und jegliches Privateigentum, soweit es nicht durch eine neutrale Flagge gedeckt war, konnte nach alter Kriegsrechtspraxis beschlagnahmt werden. Die Beschlagnahme oder Zerstörung durfte jedoch erst nach der

---

[8] Ebenda.

[9] RGBl. 1910, S. 82.

[10] *Berber*, Dokumentensammlung, Bd. II, S. 1889.

[11] *Hall*, The Law of Naval Warfare, S. 11.

[12] *Colombos*, S. 447.

Notifikation erfolgen. Der eindeutige Zweck der Kriegsnotifikation besteht darin, zwischenstaatliche Konflikte mit außenstehenden Staaten zu vermeiden und eine rechtliche Basis für eine Kriegshandlung zu schaffen.

Das Vorwort des III. Haager Abkommens lautet:

„Seine Majestät der Deutsche Kaiser, König von Preußen, usw. ... in der Erwägung, daß es für die Sicherheit der friedlichen Beziehungen von Wert ist, wenn die Feindseligkeiten nicht ohne vorausgehende Benachrichtigung beginnen,

daß es gleichfalls von Wert ist, wenn der Kriegszustand unverzüglich den neutralen Mächten angezeigt wird,

von dem Wunsche geleitet, zu diesem Zwecke ein Abkommen zu schließen, ...".

Zu diesem Zweck schlossen die Staaten das Abkommen.

Da auch neutrale Staaten von den Feindseligkeiten anderer Staaten unmittelbar oder mittelbar betroffen werden können, wurden die kriegführenden Staaten zu einer weiteren Notifikation verpflichtet, die in Art. 2 der Haager Konvention niedergelegt wurde:

„Der Kriegszustand ist den neutralen Mächten unverzüglich anzuzeigen und wird für sie erst nach Eingang einer Anzeige wirksam, die auch auf telegraphischem Wege erfolgen kann. Jedoch können sich die neutralen Mächte auf das Ausbleiben der Anzeige nicht berufen, wenn unzweifelhaft feststeht, daß sie den Kriegszustand tatsächlich gekannt haben."

Da bis 1971 insgesamt 33 Staaten, darunter alle Großmächte, die III. Haager Konvention ratifiziert und 14 weitere Staaten unterzeichnet haben[13], besteht die vertragliche Kriegserklärungspflicht nur für eine Minderheit von Staaten. Angesichts der Tatsache, daß die Bekanntgabe von Kriegserklärungen[14] auf einer lang andauernden Praxis der Mehrheit der Staaten beruht und daß die führenden Mächte der Welt diese Pflicht vertraglich anerkannt haben und sich kein Staat gegen diese Pflicht gewendet hat, kann behauptet werden, daß die Pflicht zur Kriegsankündigung Inhalt des Gewohnheitsrechts ist, so daß die überwiegende Mehrheit der Staaten kraft Gewohnheitsrechts verpflichtet ist, die feindlichen Aktionen bekanntzugeben, zumal kaum bezweifelt werden kann, daß die Ankündigung von Feindseligkeiten einen Schutz für Menschen und Sachen bietet, der im Interesse aller Staaten liegt[15].

---

[13] Fundstellennachweis (B) BGBl. 1972, S. 125, 126.

[14] Z. B. die amerikanische Kriegserklärung an das Deutsche Reich vom 6. 4. 1917 und an Österreich-Ungarn vom 7. 12. 1917, *Bemis*, Diplomatic History of the United States, S. 614.

[15] *Berber* hebt hervor, daß „der Angegriffene wie der dem Angegriffenen im Rahmen des Art. 51 der SVN zu Hilfe Eilende sehr wohl ein Interesse an einer formellen Kriegserklärung haben kann, um die Tarnmanöver des Angreifers aufzudecken sowie seinen Rechtsbruch und die Legalität des eigenen Vorgehens klarzustellen". Weiterhin meint er, „daß im Falle eines

Auch wenn häufig, wie es in den letzten Jahren der Fall war, die Staaten die Kriegserklärungspflicht nicht einhielten, besteht sie dennoch weiter. Die häufige Verletzung eines über tausend Jahre alten Gewohnheitsrechts oder auch eines modernen Rechts erlischt nicht deshalb, daß es oft nicht befolgt wird. Wäre das der Fall, würden die meisten internationalen und nationalen Rechte längst erloschen oder zumindestens zur Bedeutungslosigkeit herabgesunken sein. Auch die Tatsache, daß im modernen Völkerrecht ein Nichtangriffsgebot existiert, ändert nichts an dem Fortbestehen der Kriegserklärungspflicht. Solange es die völkerrechtlichen Grundsätze der staatlichen Souveränität und Selbsterhaltung gibt, liegt es im Ermessen eines jeden Staates, wann er sich so bedroht und gefährdet sieht, um einen Präventivschlag vorzunehmen. Auch der Staat, der ihm dabei eine militärische Nothilfe leistet, ist nicht von der Kriegserklärungspflicht entbunden. Das primäre Ziel dieser Warnungspflicht war und bleibt, den betroffenen Menschen die Möglichkeit zu geben, zumindestens ihr Leben in Sicherheit zu bringen.

II. Bekanntgabe von Blockaden

1. Geschichtlicher Überblick

Auch bei der Ausübung von Blockaden und Minensperren entstanden Informationspflichten im Seerecht, die dazu beitragen sollten, zwischenstaatliche Spannungen und Krisen zu beschränken sowie Schäden an Mensch und Material zu verhindern. Nach Colombos[16] waren es die Holländer, die im Jahre 1584 gegen Spanien die Blockadepraxis einführten. Zunächst begannen die Staaten mit der Belagerung von Städten und Festungen, um Ein- und Ausfuhr zu verhindern und den Gegner dadurch unter Druck zu setzen, ehe man später Blockaden ganzer Küsten durchführte.

Diese bewaffnete Absperrung der Küste eines feindlichen Gebietes oder eines Teiles derselben bedurfte dringend einer völkerrechtlichen Regelung[17]. Aus der Praxis, ganze Küstenbereiche zu kontrollieren, um den kommerziellen Seeverkehr zu verhindern[18], bildeten sich mit der Zeit gewisse Verhaltensregeln zur Erfüllung internationaler Voraus-

---

Ultimatums mit Kriegsdrohung, das keine Fristbestimmung enthält, bei der Nichtbeantwortung der Beginn des Krieges nicht herbeigeführt wird, sondern erst nach Angabe einer unbedingten Kriegserklärung". V. R. Lehrbuch, Bd. II, S. 89.

[16] *Colombos*, S. 604.

[17] Vgl. *Andrée*, Blockade — Eine völkerrechtliche Untersuchung, S. 18; *Vanselow*, Neutralitätsrecht, Handbuch des Völkerrechts, S. 142.

[18] *Perels,* Das internationale öffentliche Seerecht der Gegenwart, S. 261 ff.

setzungen, die sich besonders durch die Ausübung der Kriegsblockaden der Holländer, Engländer, Franzosen und Russen ergeben haben.

In dem anglo-holländischen Vertrag von Whitehall vom Jahre 1689 wurde u. a. die Notwendigkeit und Voraussetzung einer Unterrichtung der neutralen Staaten über eine Blockade hervorgehoben, um unnötige Zerstörung von Menschen und Sachen zu vermeiden[19]. Aus dem Zusammenhang läßt sich schließen, daß dies auch die Absicht der gegen Großbritannien gerichteten sogenannten zweiten bewaffneten Neutralität war, die auf Anregung Kaiser Pauls von Rußland zustandekam (1800 bis 1801), in der der Grundsatz festgelegt wurde, daß ein neutrales Schiff, das einzulaufen beabsichtige, durch den Blockadegeschwaderchef von dem Blockadezustand zu benachrichtigen sei[20].

Mit dem häufigeren Vorkommen von Blockaden wurde deutlich, daß gerade auch zum Schutze unbeteiligter Staaten Informationspflichten durch internationale Regelungen aufgestellt werden mußten. Mißstände in der internationalen Seepraxis führten zu einer gemeinsamen Aktion der Staaten. So war es auf dem Pariser Kongreß im Jahre 1856 möglich, zum ersten Mal internationale Grundregeln des Seerechts niederzulegen, die von den abendländischen Seefahrernationen als bindend angesehen wurden[21]. Die Pariser Deklaration von 1856, in der u. a. Grundsätze über die Abschaffung der Kaperei und über die Wirksamkeit einer rechtmäßigen Blockade festgelegt wurden, enthielt jedoch keine ausdrücklichen Informationspflichten. Die politischen Gegebenheiten und der mangelnde Wille der Staaten verhinderten noch, derartige Pflichten in diese „Magna Charta des Seerechts"[22] aufzunehmen.

Das nächste bedeutende internationale Treffen, das neue Seerechtsregeln schuf, war die 2. Haager Konferenz von 1907. Aber auch hier wurden keine Regelungen über die Bekanntgabe von Blockaden getroffen.

2. Londoner Konvention von 1909

Erst auf der Londoner Konferenz von 1909, die die Festlegung der allgemein anerkannten Prinzipien des internationalen Seerechts zum

---

[19] *Colombos*, S. 605.

[20] *Kotsch*, WVR², Bd. I, S. 215.

[21] *McNair*, The Law of Treaties, S. 114; *Verdross*, S. 86.

[22] „Während berühmte Engländer, wie z. B. Bentley, die Pariser Seerechtsdeklaration als nationalen Selbstmord oder Disraeli als Preisgabe der Hauptgrundsätze englischer Seemacht ansahen, könnte der Völkerrechtler in ihr aber die Magna Charta des Seekriegsrechts sehen, die zwar noch kein geschlossenes Rechtssystem gibt, aber doch die Grundlagen für eine Rechtsordnung eines der allerschwierigsten Gebiete des Völkerrechts in sich birgt." *Andrée*, S. 30; vgl. auch *Schramm*, Das Prisenrecht in seiner neusten Gestalt, S. 11.

Ziele hatte[23], wurde eine Informationspflicht im Falle einer Blockade beschlossen. Obwohl diese Konvention trotz allgemeiner rechtlicher Übereinstimmung aus politischen, mit dem 1. Weltkrieg zusammenhängenden Gründen, nicht ratifiziert wurde, waren ihre Bestimmungen doch für das internationale Blockaderecht von großer Bedeutung. Sie „kann als Kodifikation geltender Völkerrechtsnormen angesehen werden"[24]. Ihre Ergebnisse fanden nicht nur die Zustimmung vieler Rechtsgelehrter[25], sondern wurden auch zum Vorbild vieler innerstaatlicher Blockaderegelungen[26].

a) Inhalt der Erklärung

„So muß eine Blockade, um rechtswirksam zu sein, von der Regierung des blockierenden Staates erklärt und den neutralen Staaten sowie den Behörden des blockierten Gebietes bekanntgegeben (notifiziert) werden[27]."

In Art. 8 der Londoner Konvention hat man ausdrücklich gefordert, daß eine Blockade

„... in order to be binding must be declared in accordance with Article 9 ...".

Danach muß die blockierende Macht oder ein für sie handelnder militärischer Befehlshaber die Blockade erklären.

Weiterhin müssen in der Blockadeerklärung enthalten sein[28]:

a) der Zeitpunkt des Beginns der Blockade,

b) die geographischen Grenzen der blockierten Küste,

c) die Frist, die neutralen Fahrzeugen zum Auslaufen gewährt wird.

Wie wichtig diese Informationsangaben sind, ist daran zu sehen, daß bei Fehlen einer der in der Blockadeerklärung festgelegten Angaben (a, b, c) die ganze Erklärung nach Art. 10 der Londoner Konvention nichtig ist, und eine neue Erklärung nötig wird, um die Blockade rechtlich wirksam zu machen[29].

Die Angaben über die Blockade müssen also den tatsächlich blockierten Seebereich genau bezeichnen[30].

---

[23] *Hall*, S. 143.

[24] *v. Haeften*, WVR², Bd. II, S. 634.

[25] Vgl. *Liszt*, Das Völkerrecht systematisch dargestellt, S. 513; *Berber*, Lehrbuch, Bd. II, S. 189; *Wengler*, Völkerrecht, S. 1448.

[26] Vgl. Art. 44, 45 und 51 der Deutschen Prisenordnung von 1939, RGBl. 1939 II 1590; §§ 26 - 28 Instructions for the Navy of the United States Governing Maritime Warfare, 30. 6. 1917.

[27] *Verdross*, S. 497.

[28] Art. 9 der Londoner Konvention; ein fast identischer Wortlaut ist in Art. 44 der Deutschen Prisenordnung von 1939. Auch die Sowjetunion erkennt diese Pflicht an. Vgl. Lewin und Kaljushnaja, Völkerrecht, S. 410.

[29] *Art. 10:* „If the operations of the blockading Power, or of the naval authorities acting in its name, do not tally with the particulars, which, in accordance with Article 9 (1) and (2), must be inserted in the declaration of blockade, the declaration is void, and a new declaration is necessary in order to make the blockade operative."

„The notification or announcement of a blockade, whether by a government or by a commander on the spot, must not embrace a larger extent of coast than is really blockaded, since otherwise, by its deterrent effect on the sailings of neutrals, it would gain some of the advantage of blockade where the reality which is the only justification of that advantage was wanting. Such an excess in the notification would vitiate the blockade even of those parts of the coast on which it was really established[31]."

b) Notifizierung

Nachdem die Blockade formell erklärt ist, bedarf sie weiterhin gem. Art. 8 der Londoner Konvention einer an die Staaten gerichteten Notifizierung.

„A blockade in order to be binding, must be ... notified in accordance with Article 11 and 16[32]."

Aus Art. 11 und 16 ergibt sich, daß diese Notifizierungspflicht in genereller oder spezieller Form vorgenommen werden kann.

aa) Generelle und spezielle Notifikation

Man spricht von einer generellen Notifikation, wenn die kriegführende Macht auf diplomatischem Wege die neutralen Staaten von seinen Absichten unterrichtet oder wenn sie vom Chef des Blockadegeschwaders an die konsularische Vertretung in dem blockierten oder einem nicht zu weit entfernten anderen Gebiet abgegeben wird, wo sich konsularische Niederlassungen befinden. Eine spezielle Notifikation wird durch Benachrichtigung jedes in die Nähe der Blockadezone gelangten neutralen Handelsschiffes vorgenommen.

Allgemein kann man mit Perels davon ausgehen, daß „ein Verlangen der Spezialnotifikation für alle Fälle hieße, das erste Unternehmen

---

[30] So z. B. die deutsche Erklärung der „Totalen Blockade" Großbritanniens vom 17. 8. 1940: „Der Seekrieg ist in dem Gebiet um England in vollem Umfang entbrannt. Das gesamte Gebiet ist mit Minen verseucht. Die Flugzeuge greifen jedes Schiff an. Jedes neutrale Schiff, das dieses Gebiet in Zukunft befährt, setzt sich daher der Gefahr der Vernichtung aus.", in: Oberkommando der Kriegsmarine, Urkunden zum Seekriegsrecht, S. 290.

[31] *Westlake*, International Law, Bd. II, S. 270.

[32] *Art. 11:* „A declaration of blockade is notified:
(1) To neutral powers, by the blockading power by means of a communication addressed to the governments direct, or to their representatives accredited to it;
(2) To the local authorities, by the officer commanding the blockading force. The local authorities will, in turn, inform the foreign consular officers at the port or on the coastline under blockade as soon as possible."
Art. 16 I: „If a vessel approaching a blockaded port has no knowledge, actual or presumptive, of the blockade, the notification must be made to the vessel itself by an officer of one of the ships of the blockading force. This notification should be entered in the vessel's log-book, and must state the day and hour and the geographical position of the vessel at the time."

eines Blockadebruchs regelmäßig straflos zu stellen"[33]. Nur in Ausnahmefällen oder unter besonderen Voraussetzungen, so wenn anzunehmen ist, daß ein neutrales Schiff von der Generalnotifikation nicht mehr erreicht worden ist, soll die Blockade speziell notifiziert werden[34].

In der Londoner Konvention hatte sich die Mehrheit der Staaten in Art. 11 grundsätzlich für eine Generalnotifikation entschieden und nur für den speziellen Fall, daß ein nicht informiertes Schiff den blockierten Hafen anzulaufen beabsichtigt, eine Spezialnotifikation gefordert. Angesichts der heutigen technischen Fortschritte auf dem Nachrichtensektor (Telegrafie, Funk und Massenmedien) reicht die Generalnotifikation aus[35], da jeder Staat die Möglichkeit hat, von einer Blockade unterrichtet zu sein.

bb) Erweiterung und Aufhebung einer Blockade

Weitere ausdrückliche staatliche Informationspflichten, die im Falle einer Blockade gefordert werden, wurden in Art. 12[36] und 13[37] der Londoner Deklaration verankert. Wenn es um die Erweiterung eines Blockadegebiets oder um die Wiederherstellung[38] einer Blockade geht, wird vom blockierenden Staat eine neue Bekanntgabe gefordert[39].

Auch bei der freiwilligen Blockadeaufhebung oder irgendeiner Beschränkung ihres Umfanges ist die kriegführende Macht gem. Art. 13 der Londoner Deklaration verpflichtet, diese neue Lage den neutralen Staaten mitzuteilen. Diese Informationspflicht ist eine Fortsetzung

---

[33] *Perels*, S. 270 ff.; *Westlake*, Bd. II, S. 269.

[34] *Gueldenagel*, S. 21 WVR, Bd. I, S. 215.

[35] „Under modern circumstances, where information is conveyed over the civilized world by newspaper and the electric telegraph ... it is hardly possible that there should be an ignorance of the existence of an established blockade" Main, International Law, S. 108; „If this was so in 1887, how much more stronger a presumption of knowledge there must be today." *Hall*, S. 86.

[36] *Art. 12:* The rules as to declaration and notification of blockade apply to cases where the limits of a blockade are extended, or where a blockade is re-established after having been raised.

[37] *Art. 13:* The voluntary raising of a blockade, as also any restriction in the limits of a blockade, must be notified in the manner prescribed by Art. 11.

[38] Wenn eine blockierende Streitmacht sich nur vorübergehend wegen schwerer Wetterstörungen zurückzieht, ist sie nicht verpflichtet, eine neue Generalnotifikation abzugeben. Mehrere englische Entscheidungen bestätigen das, so z. B. die Fälle „Frederick Molke", 1798, CREAR, Bd. I, S. 86, „The Columbia", 1799, CREAR, Bd. 6, S. IX und „The Hoffnung", 1805, CREAR, Bd. 6, S. 112; vgl. Art. 48 der deutschen Prisenordnung von 1939: „... eine Blockade gilt nicht als aufgehoben, wenn sich die blockierenden Streitkräfte wegen schlechten Wetters entfernt haben".

[39] *Colombos*, S. 613; vgl. auch die englischen Entscheidungen „The Neptunis", 1799, CREAR, Bd. 1, S. 170 und die Entscheidung des Obersten amerikanischen Gerichtshofs „Circassian", 1864, Wallace, Bd. II, S. 135.

internationaler Bemühungen im Blockaderecht Gefahren, die sich durch eine Nichtbekanntgabe ergeben, einzuschränken.

Die generelle Übereinstimmung der Staaten im Hinblick auf diese Pflichten zeigt sich nicht nur in ihren gemeinsamen Beschlüssen bei der Londoner Konvention und in der praktischen Anwendung, sondern auch in der Übernahme dieser Informationspflichten in die innerstaatlichen Gesetze.

Auch die Informationspflichten, die Art. 12 und 13 der Londoner Konvention enthalten, wurden mit geringen Abweichungen Bestandteil vieler nationaler Prisenordnungen oder Seerechtsinstruktionen[40] der Seefahrerstaaten, so z. B. Art. 45 der deutschen Prisenordnung[41].

„Beim Fehlen der Voraussetzungen einer rechtsgültigen Blockade tritt ihre Hauptwirkung gegenüber neutralen Schiffen, nämlich das Recht der Wegnahme wegen Blockadebruchs, nicht ein[42]. Damit ein neutrales Schiff wegen versuchten Blockadebruchs beim Ein- und Auslaufen eines blockierten Hafens aufgebracht werden kann, muß es von dem Bestehen der Blockade wirklich oder aufgrund einer Vermutung Kenntnis haben[43].

Art. 15 der Londoner Konvention bestimmt, daß

„die Kenntnis der Blockade mangels gegenteiligen Beweises vermutet wird, wenn das Schiff einen neutralen Hafen verlassen hat, nachdem die Blockade der Macht bekanntgegeben wurde, der dieser Hafen gehört, vorausgesetzt, daß diese Bekanntgabe rechtzeitig erfolgte."

Dies ist jeweils eine Tatfrage.

„Selbst kontinentale Staaten haben die Praxis aufgegeben, daß kein Schiff wegen Blockadebruchs beschlagnahmt werden kann, bevor nicht von einem Offizier des Blockadegeschwaders eine besondere Benachrichtigung in den Schiffspapieren eingetragen worden ist; denn sie hatten das Empfinden, daß diese Praxis mit den für die heutige Kriegsführung geltenden Bedingungen nicht mehr zu vereinbaren ist[44]."

---

[40] *Kunz* hebt in seiner Untersuchung über die neuen amerikanischen Flotteninstruktionen von 1951 hervor, daß „die Instruktionen dem klassischen Recht genau folgen, was die rechtlichen Bedingungen einer Blockade betrifft. Als formelle Bedingungen einer rechtswirksamen Blockade werden Deklaration und Notifikation, als materielle Voraussetzung einer rechtswirksamen Blockade Effektivität, Lokalisierung und unparteiische Handhabung gegenüber den Schiffen und Flugzeugen aller Staaten angesehen". Die neuen amerikanischen Flotteninstruktionen, S. 298.

[41] *Art. 45 der deutschen Prisenordnung:* Die Blockadeerklärung sowie Erweiterung und Einschränkung der Blockade sind bekanntzugeben
1. den neutralen Staaten durch die Reichsregierung
2. den Hafenbehörden oder den sonstigen örtlichen zuständigen Behörden der blockierten Küste durch den Befehlshaber der blockierenden Streitkräfte.

[42] *Berber*, S. 190, Bd. II.

[43] *Colombos*, S. 614; Art. 14 Londoner Deklaration.

[44] *Colombos*, S. 615.

Bei einem Blockadebruch kann das Schiff angehalten, beschlagnahmt oder sogar zerstört werden. Um solche Vorfälle zu verhindern, ist die Bekanntgabe einer Blockade vorgeschrieben. Falls der Befehlshaber einer blockierenden Streitmacht versäumt hat, die örtlichen Behörden zu benachrichtigen oder wenn in der bekanntgegebenen Erklärung keine Frist angegeben worden ist, binnen deren die bei Beginn der Blockade im Hafen liegenden neutralen Schiffe auslaufen können, muß nach Art. 16 der Londoner Deklaration einem auslaufenden neutralen Schiff freie Durchfahrt gestattet werden. Eine zwischenstaatliche Konfrontation kann durch eine besonders sorgfältige Einhaltung der Bestimmungen des Befehlshabers der blockierenden Streitkräfte verhindert werden.

III. Sperrgebietserklärungen

Die erste Sperrgebietserklärung wurde — soweit ersichtlich — von Japan am 23. 1. 1904 vor Ausbruch des Krieges mit Rußland abgegeben[45]. Es handelte sich um eine defensive Sperrgebietserklärung. Es bedeutete, daß das Ein- und Auslaufen sowie Befahren von „defensive sea areas" allen nicht japanischen Schiffen zwischen Sonnenuntergang und Sonnenaufgang untersagt war[46].

Die erste offensive Sperrgebietsbekanntmachung wurde dagegen von der britischen Admiralität fremden Regierungen am 3. 11. 1914 zugestellt[47]. In der Bekanntmachung wurden die Handelsschiffe und Fischereifahrzeuge aller Art und aller Nationen gewarnt, daß von nun ab die gesamte Nordsee ein Kriegsgebiet sei und somit die Anweisungen der britischen Admiralität befolgt werden müßten. Wer diese Erklärung nicht beachtet, hat, abgesehen von ausgelegten Minen, mit schwersten Gefahren und Konsequenzen zu rechnen.

Die nächste Ankündigung als Gegenmaßnahme unternahm das Deutsche Reich. Es erklärte am 4. 2. 1915 die Gewässer um Großbritannien und Irland zum Kriegsgebiet[48], in dem vom 18. Februar an alle feindlichen Handelsschiffe versenkt werden sollten.

Im weiteren Verlauf des ersten und zweiten Weltkrieges errichteten die kriegführenden Staaten trotz vieler Proteste[49] Sperrgebiete, obwohl

---

[45] *Schmitt*, Die Zulässigkeit von Sperrgebieten im Seekrieg, S. 15.

[46] Für weitere Ausführungen über den Unterschied zwischen defensive und offensive Sperrgebiete, siehe *Schmitt*, S. 15 - 24.

[47] Staatssekretär des Reichsmarineamtes, Seekriegsrecht im Weltkrieg, Bd. I, S. 120 ff.

[48] Staatssekretär des Reichsmarineamtes, Bd. I, S. 222.

[49] Noten folgender Staaten:
Niederlande, 12. 2. 1915, Völkerrecht im Weltkrieg, S. 282, USA, 12. 2. 1915, Papers Relating to the Foreign Relations of the USA, 1915 Supp., S. 98 ff.;

dieses völkerrechtswidrig[50] war. Obwohl keine verbindlichen internationalen Abkommen bestehen, die die Rechtswidrigkeit der Verhängung von Sperrgebieten einschränken, ist eine gewohnheitsrechtliche Verpflichtung zur Erklärung von Sperrgebieten anhand der Staatenpraxis in beiden Weltkriegen entstanden[51].

Auch zwischen den zwei Weltkriegen setzte der Kodifikationsentwurf über das Seekriegsrecht der „International Law Association" in Art. 18 A[52] und der Havard-Universitätsentwurf aus dem Jahr 1939 über die Rechte und Pflichten der Neutralen im Luft- und Seekrieg in Art. 69 S. 1[53] für die Errichtung eines Sperrgebietes die Bekanntgabe voraus.

Ein weiteres Gewohnheitsrecht hinsichtlich der Errichtung von Sperrgebieten und der Versenkung von feindlichen Schiffen in ihnen nach einer rechtmäßigen Sperrgebietserklärung wird von einigen Autoren bejaht.

Zemanek spricht z. B. von neuem Gewohnheitsrecht:

„Ist diese (d. h. die Sperrgebietserklärung) rechtmäßig, finden also in der Zone tatsächlich Kampfhandlungen statt, ist die warnungslose Versenkung verbotswidrig einfahrender Handelsschiffe — feindlicher wie neutraler — durch Kriegsschiffe ... nach dem nach überwiegender Meinung neu entstandenen Gewohnheitsrecht erlaubt[54]."

Italien, 17. 2. 1915, Siehe oben, S. 123; Spanien, 17. 2. 1915, Völkerrecht im Weltkrieg, S. 288; Dänemark, 15. 2. 1915, Völkerrecht im Weltkrieg, S. 279 ff.; Norwegen, 16. 2. 1915, Völkerrecht im Weltkrieg, S. 279 ff.; Schweden, 17. 2. 1915, Völkerrecht im Weltkrieg, S. 279 ff.

[50] „Die Zulässigkeit offensiver Sperrgebiete ist immer wieder mit dem Einwand bestritten worden, sie verstießen gegen das Prestige der Freiheit der Meere", *Schmitt*, S. 57; vgl. auch *Kunz*, S. 147; *Krüger*, WVR², Bd. 1, S. 793; *Guggenheim*, Bd. 2, S. 814.

[51] Weitere Beispiele offensiver Sperrgebietserklärungen:
Deutsche Bekanntgabe von zwei weiteren Sperrgebieten um Großbritannien und Frankreich bis zur spanischen Grenze, 31. 1. 1917, SKR, Bd. 3, S. 1268; Deutsche Ausdehnung des Sperrgebietes vom 22. 11. 1917, SKR, Bd. 3, S. 1287; Englische Erklärung vom 24. 1. 1917, Völkerrecht im Weltkrieg, S. 206; US-Combat Area-Erklärung vom 4. 9. 1939, AJIL, Supp., S. 58.
Weitere defensive Sperrgebietserklärungen:
Japanische Erklärung vom 23. 8. 1914 vor der eigenen Küste, US Naval War College, 1918, S. 109 - 112; Russische Erklärung vom 16. 4. 1916 im Weißen Meer, US Naval War College, 1918, S. 133; Türkische Erklärung vom 26. 8. 1916, US Naval War College, 1918, S. 159.

[52] Art. 18 A: „Marred Zones" — A belligerent may declare a portion of the high seas a barred zone by notification to neutral states hereinafter provided for blockade ...". International Law Association Report 1920, S. 169 ff.

[53] Art. 69 S. 1: „A belligerent may support the enforcement of a blockade zone."
Art. 1: „A blockade zone is that area of water extending fifty miles from a blockaded coast, proclaimed by a belligerant to be such a zone." AJIL, 1939, Supp., S. 169 ff.

[54] *Zemanek*, U-Bootkrieg, WVR², Bd. 3, S. 466.

Schmitt führt dazu aus:

„Im deutschen Schrifttum ist auch die Ansicht vertreten worden, ein Handelsschiff begebe sich in die unmittelbare Kampfzone und mische sich in die
Auseinandersetzungen zwischen den Parteien ein, wenn es in das von einem
Kriegführenden effektiv beherrschte Sperrgebiet eindringe; gegen Handelsschiffe, die in einem bekanntgemachten Sperrgebiet angetroffen würden, sei
daher eine unmittelbare Gewaltanwendung ohne besondere Warnung zulässig[55]."

In beiden Aussagen wird noch einmal deutlich, wie wichtig die Einhaltung der Sperrgebietserklärung für die Legitimierung aller nachfolgenden Handlungen ist. Auch wenn die Errichtung von Sperrgebieten
unrechtmäßig ist, muß eine Ankündigung zum Schutze der neutralen
Staaten und der Menschen abgegeben werden.

IV. Bekanntgabe von Minen

1. Geschichtlicher Überblick

In den Fällen, in denen Minen zur Unterstützung einer Blockade verwendet werden, ist eine zusätzliche Bekanntmachung unbedingt erforderlich. Mitte des 19. Jahrhunderts wurden Minen zum ersten Mal als
Defensiv- oder Offensivwaffen verwendet[56]. Als die Gefährlichkeit der
Offensivwaffe den Seefahrernationen durch die Erkenntnis klar
wurde[57], daß die „blinden" unterseeisch verankerten und unveranker-
ten Kontaktminen ihre Schiffe ohne Unterschied vernichten konnten
und somit das Recht der Neutralen auf freie und unbehinderte Schiff-
fahrt auf Hoher See in Friedens- und Kriegszeiten dadurch gefährdet
wurde[58], begann zum ersten Mal eine internationale Bemühung, das
Auslegen von Minen einzuschränken und die Minen aus den internationalen Schiffahrtswegen auf Hoher See herauszuhalten. Neue Bestimmungen und Pflichten, darunter auch Informationspflichten, wurden notwendig. Die Kriegserklärung eines Staates oder Bekanntgabe

---

[55] *Schmitt*, S. 67; *Gladisch*, Seekrieg und Seekriegsrecht, S. 25; *Helm*, Das
Operationsgebiet im Seekriegsrecht, S. 175.

[56] „Die Mine als offensive Waffe des Seekriegs ist zuerst im nordamerika-
nischen Sezessionskrieg (1861 - 1865) mit Erfolg angewendet worden; seitdem
dieser Krieg die große Bedeutung der Seemine vor allem für die Küsten-
verteidigung gezeigt hatte, wurde in fast allen Staaten mit dem systema-
tischen Ausbau der Minenwaffe begonnen." *Stadtländer*, Die Verwendung
von Minen im Seekrieg, S. 1.

[57] „Vom völkerrechtlichen Standpunkt aus gesehen ist der russisch-japa-
nische Krieg vor allem deshalb von Bedeutung, weil man sich jetzt erst des
völkerrechtlichen Problems des Seeminenkrieges bewußt wurde." *Stadtländer*, S. 3.

[58] Vgl. *Bonfils / Fauchille*, Manual de droit international public, S. 883;
v. Liszt, S. 349; *Ullmann*, Völkerrecht, S. 509.

einer Blockade heißt noch nicht, daß er auch seine oder andere Gewässer vermint hat. Bei einer Verminung der Gewässer ist eine zusätzliche Bekanntgabe erforderlich.

Auf dem 23. Kongreß der „International Law Association" im Jahre 1906 in Berlin bejahte von Martitz eine Notifikationspflicht bei der Auslegung von Minen in entsprechender Anwendung der Blockadevorschriften. Abgesehen von einer generellen diplomatischen Notifikation an die neutralen Regierungen hielt er auch spezielle Maßnahmen für notwendig, lehnte jedoch die genauere Kenntlichmachung der Auslegungsorte wegen ihrer militärischen Unzumutbarkeit ab. Seiner Meinung nach genügt dagegen die Anzeige einer Blockade nicht, da eine Minensperre etwas anderes sei als eine Blockadesperre[59].

Schücking meinte, daß „man aber hier (bei der Blockade) wie dort (bei der Minenlegung) verlangen müsse, daß die neutrale Schiffahrt wenigstens rechtzeitig Kunde erhält, wenn der Kriegführende von seinen Kriegsrechten Gebrauch macht. Auch hier wird die Generalnotifikation unter Umständen entsprechend dem früher Gesagten durch eine Spezialnotifikation ergänzt werden müssen"[60].

Auch nach Ansicht Wehbergs[61] genügt die einfache Bekanntgabe der Blockade nicht, wenn Minenfelder zu ihrer Unterstützung angelegt werden, deren Ausdehnung besonders bekanntgegeben werden muß.

Obwohl die Staaten die Gefahr der blinden Minen erkannten, konnten sie sich aus militärischen Gründen nicht einigen, auf die Mine als Kriegswaffe ganz zu verzichten. Ihre Bemühungen zielten daher nicht auf ein generelles Minenverbot ab, sondern auf die Schaffung von Regelungen, die das Legen von Minen unter gewissen Voraussetzungen gestatteten.

Schon zwei Jahre nach dem japanisch-russischen Krieg auf der Tagung des „Institut de Droit International" in Gent im Jahre 1906 wurden internationale Bestimmungen für die Anwendung von Minen aufgestellt. Im Interesse des friedlichen Schiffsverkehrs aller Länder wurde den minenlegenden Staaten u. a. eine Notifikationspflicht vorgeschlagen[62].

---

[59] 23rd Law Reports der International Law Association, 1906, S. 69, 70.

[60] *Schücking*, Die Verwendung von Minen im Seekrieg, ZIPÖR, Bd. XVI, S. 132.

[61] „Falls die Minensperre lediglich zur Unterstützung einer Blockade angewandt wird, ist mit Schücking zu verlangen, daß hier sowohl die Blockade wie die Minensperre besonders notifiziert werden." *Wehberg*, Das Seekriegsrecht, Handbuch des Völkerrechts, Bd. III, S. 79.

[62] Annuaire de l'Institut de droit international, 21, S. 345.

2. VIII. Haager Konvention von 1907

Der Minengebrauch wurde ein Jahr nach den ersten internationalen Bemühungen von 1906 auf der 2. Haager Konferenz von 1907 in der VIII. Haager Konvention mit anderen Bestimmungen über die Auslegung von unterseeischen selbsttätigen Kontaktminen zum ersten Mal vertraglich geregelt.

Der heute noch geltende Art. 3 der Konvention fordert:

„Bei der Verwendung von verankerten selbsttätigen Kontaktminen sind für die Sicherheit der friedlichen Schiffahrt alle möglichen Vorsichtsmaßnahmen zu treffen. Die Kriegführenden verpflichten sich, nach Möglichkeit dafür zu sorgen, daß diese Minen nach Ablauf eines begrenzten Zeitraums unschädlich werden; auch verpflichten sie sich, falls ihre Überwachung aufhört, die gefährlichen Gegenden den Schiffahrtskreisen, sobald es die militärischen Rücksichten gestatten, durch eine Bekanntmachung zu bezeichnen, die auch den Regierungen auf diplomatischem Wege mitzuteilen ist[63]."

Unter „alle möglichen Vorsichtsmaßnahmen", die ein Staat für die Sicherheit der friedlichen Schiffahrt treffen muß, fällt die Mitteilung, die Informationsübertragung, an andere Staaten. Somit enthält Art. 3 S. 1 eine Informationspflicht.

a) Generelle und spezielle Notifikation

Nach Wehberg ist in allen Fällen eine Spezialnotifikation an ein gefährdetes Schiff abzugeben, wobei der minenlegende Staat nur zu erklären braucht, daß sich in dieser Gegend Minen befinden[64].

Thaler stimmt dem zu und meint, „daß dies unter allen Umständen, selbst dann stattfinden muß, wenn eine Generalnotifikation aus militärischen Rücksichten unterbleibt"[65].

Schücking ist der Ansicht, daß „man versucht sein möchte, im Interesse der neutralen Schiffahrt, wie bei der Blockade, eine Generalnotifikation zu fordern, damit die Schiffahrt dann den veränderten Umständen von vornherein Rechnung tragen kann. Jedenfalls muß aber, falls solche Generalnotifikation überhaupt nicht ergangen ist oder falls nur die entfernteste Möglichkeit vorliegt, daß das herannahende Schiff über die Generalnotifikation nicht unterrichtet ist, noch eine Spezialnotifikation stattfinden. Freilich wird hier ein entsprechendes Warnungssignal schon in der Regel zu dieser Spezialnotifikation genügen"[66].

---

[63] *Berber*, Dokumentensammlung, Bd. II, S. 1921; RGBl. 1910, S. 231; 36 US Statutes at Large 2332. Das Abkommen ist bis heute von 25 Staaten ratifiziert worden. Fundstellennachweis B, 31. 12. 1972, S. 125 - 126.

[64] *Wehberg*, S. 79.

[65] *Thaler*, Die Haftungsfrage im Seerecht, S. 21.

[66] *Schücking*, S. 130.

Art. 3 S. 2 der Konvention fordert eine Bekanntmachung der gefährlichen Gegenden. Es handelt sich hier nur um eine generelle Informationspflicht, der erst nach der Minenlegung nachgekommen werden
muß, sobald es die militärischen Rücksichten gestatten. Über eine spezielle Informationspflicht an ein Schiff, das sich der unmittelbaren
Gefahrenzone ahnungslos nähert, konnten die Vertragsparteien der
VIII. Haager Konvention dagegen aus militärischen Gründen keine
Einigung erzielen[67].

Die Informationspflicht der VIII. Haager Konvention geht nicht soweit wie die auf der Tagung in Gent verabschiedete Resolution, die
auch dann eine Anzeige verlangte, wenn an sich die militärischen Interessen eine Geheimhaltung erforderlich machten[68].

b) Vorherige Bekanntmachung

Was den Zeitpunkt der Notifikation angeht, vertraten z. B. Großbritannien und Frankreich anfänglich auf der Haager Konferenz im
Gegensatz zu den Vereinigten Staaten, Japan, Deutschland, Brasilien
und anderen Staaten die Auffassung, daß eine Bekanntmachung bereits
vor der Minenlegung abgegeben werden muß[69].

Stadtländer war der Meinung, „daß eine Verpflichtung zur vorgän-
gigen Bekanntmachung, wie sie für die Neutralen möglich ist, sich für
die am Krieg beteiligten Staaten nicht aufstellen läßt. Sie stünde im
größten Widerspruch zu dem Erfordernis, daß Minensperren geheim
gelegt werden müssen, damit das Unternehmen nicht von feindlichen
Seestreitkräften gestört wird[70].

Auch die Praxis der kriegführenden Staaten zeigt, daß im 1. und
2. Weltkrieg die Bekanntgabe der größeren Minengebiete erst nach
Beendigung der Minenlegung durchgeführt wurde[71]. Nur selten gaben
die kriegführenden Staaten ihre Minenlegung vorzeitig bekannt[72]. Dies
geschah nur dann, wenn das Vorhaben bereits bekannt war, und der
Gegner damit rechnen mußte, daß Minen aus Gründen der Selbstverteidigung in gewissen Teilen um das Staatsterritorium ausgestreut
wurden.

---

[67] *Thaler*, S. 21.

[68] Annuaire de l'Institut de droit international, 21, S. 345.

[69] *Bock*, S. 71, 72; vgl. auch Haager Protokoll III, S. 662, Anl. 13.

[70] *Stadtländer*, S. 78.

[71] *Bock*, S. 344.

[72] *Helm*, Das Operationsgebiet im Seekrieg, S. 57; Die Urkunden zum
Seekrieg, zusammengestellt vom Oberkommando der Kriegsmarine (OKM)
in Nummer 339, 340, 342, 345, 346, 350, 353, 357, 358, 360, 364 und vielen anderen enthielten z. B. staatliche Notifikationen über Minenfelder, zu deren
Abgabe die Deutschen und die Engländer verpflichtet waren.

So warnte z. B. die britische Admiralität die Neutralen kurz nach dem Ausbruch des 1. und 2. Weltkrieges vor Minensperren, die in der Nordsee und auf der Atlantischen Seite gelegt werden sollten, um die englischen Häfen und Küsten zu schützen[73].

Auch das Deutsche Reich ließ am 7. 8. 1914 allen neutralen Staaten die Mitteilung zugehen, daß die Zugänge zu den englischen Häfen von deutscher Seite durch Minen gesperrt werden würden[74].

Im 2. Weltkrieg wurde am 9. 4. 1940 von der deutschen Regierung bekanntgemacht, daß in der vorausgegangenen Nacht vor allen wichtigen Häfen der norwegischen Westküste sowie in dem Gebiet des Skagerraks Minen gelegt worden seien[75].

Weder über die Forderung einer vorherigen Bekanntgabe der Minenlegung, noch einer Pflicht zur genauen Bezeichnung der gelegten Minenfelder konnte bis zum gegenwärtigen Zeitpunkt eine Einigung erzielt werden. Weder im Völkergewohnheitsrecht noch in dem VIII. Haager Abkommen besteht für die Kriegführenden oder für die neutralen Staaten eine detaillierte Angabepflicht über den Minenauslegungsort[76]. Es wird lediglich verlangt, daß gelegte Minen, egal ob auf Hoher See oder in Küstengewässern, überhaupt von einem Staat bekanntgegeben werden.

c) Detaillierte Beschreibung

Eine besonders detaillierte Bekanntmachung der Auslegung von Minen ist nach Meinung vieler Autoren des Völkerrechts mit dem Charakter dieser Waffe als Kriegslist unvereinbar, nicht nur, weil auch der Gegner gleichzeitig über die Lage der ausgestreuten Minen orientiert wäre[77], sondern auch weil die Minenfelder vom Feind in der

---

[73] England gab z. B. die große Minensperre entlang seiner Ostküste bekannt, bevor die Minen ausgelegt wurden. Bekanntmachung der britischen Admiralität vom 24. 12. 1939 über die britischen Minenfelder in der Nordsee, in Urkunden zum Seekriegsrecht, zusammengestellt vom OKM, Berlin, 1941, Nr. 371; Deutschland gab die Sperrung des Sundes und der großen und kleinen Beltes durch Minen vor der Auslegung bekannt. Bekanntmachung der deutschen Regierung vom 5. und 6. 9. 1939, OKM, Nr. 345, 347; auch die Türkei kündigte die Minenauslegung in den Dardanellen bereits vorher an, *Duttwyler*, Der Seekrieg und die Wirtschaftspolitik des neutralen Staates, S. 45.

[74] *Bock*, S. 140.

[75] Deutsches Nachrichtenbüro, Meldung vom 19. 6. 1942, URK, S. 303.

[76] Vgl. *Verdross*, in: ZIR, 1939, S. 210; *Delbez*, Manuel de droit international public, S. 318; *Guggenheim*, Bd. I, S. 875; *Wetzstein*, Die Seeminenfrage im Völkerrecht und das Haager Abkommen über die Legung unterseeischer selbsttätiger Kontaktminen vom Jahre 1907, S. 40; *v. d. Heydte*, Das Völkerrecht, Bd. II, S. 277.

[77] *Starke*, An Introduction to International Law, S. 387; *Wetzstein*, S. 30 bis 40; *Verdross*, S. 390.

kürzesten Zeit entweder geräumt oder gar nach Umbau für eigene
Zwecke verwendet werden könnten[78].

„Die Mehrzahl der Wissenschaftler ist nach wie vor der Ansicht, daß
nur die minenverseuchten Meeresteile, nicht aber die genau umgrenz-
ten Lageorte den Neutralen bekanntgegeben werden müssen. Man
beruft sich u. a. auf einen dahingehenden Gewohnheitsrechtssatz[79]."

Er wie auch viele andere Experten lehnen die genaue Angabe der
Minenlage ab und plädieren für eine bloße Warngebietserklärung, die
größere Seegebiete bezeichnet[80]. Nur so könnten die auferlegten völkerrechtlichen Informationspflichten gewissermaßen erfolgreich sein, da
sie nicht den militärischen Bedürfnissen direkt im Wege lägen.

Schmitz geht sogar noch weiter, indem er überhaupt die Bekannt-
gabepflicht des Minenauslegungsortes aus militärischen Gründen ver-
neint.

„Wenn die Minensperren aber ihren militärischen Wert behalten sollen,
darf ihre Lage nicht zur Kenntnis des Gegners kommen, was regelmäßig der
Fall ist, wenn sie den Neutralen mitgeteilt wird[81]."

Seine Ansicht ist jedoch nicht richtig, da die Gegenden, in denen
Minen gelegt werden, bekannt gemacht werden müssen, und zwar unabhängig vom Haager Abkommen, da es sich um einen Gewohnheitsrechtssatz handelt[82].

Häufig tauschten die Staaten sogar diplomatische Noten aus, in denen
sie beteuerten, „daß die allgemein anerkannten internationalen Richtlinien (aufgestellt in Art. 3 der VIII. Haager Konvention) den Kriegführenden die Pflicht auferlegen, den Neutralen die Zonen auf Hoher
See bekanntzugeben, in denen sie Minensperren anlegten"[83].

In den eigenen Küstengewässern ist jedoch nach Ansicht vieler Völkerrechtler[84] noch am ehesten eine exakte Bekanntgabe der Lage der
Minen möglich, weil dort der Auslegende die größere Möglichkeit habe,
durch Kontrollen eine Abänderung seiner Minenfelder zu verhindern.

Durch die moderne Flugzeugtechnik ist jedoch heute eine Kontroll-
möglichkeit auch in fremden Gewässern gegeben, so daß trotz einer

---

[78] *Oechsner*, Das Minenlegen auf hoher See, S. 111.
[79] *Bock*, S. 301.
[80] *Guggenheim*, Bd. I, S. 857; *Wilson*, Handbook of International Law,
S. 395; *Delbez*, S. 318; *Helm*, S. 57; *v. d. Heydte*, Bd. II, S. 277.
[81] *Schmitz*, Sperrgebiete im Seekrieg, in: ZaöRV, Bd. *8*, S. 640.
[82] *Guggenheim*, Bd. I, S. 857.
[83] So eine italienische Note vom 15. 6. 1940 an die deutsche Regierung,
OKM, Nr. 319; England erklärte in einer Note an Holland: „All areas made
dangerous by British mines have been duly notified in accordance with
requirements of the Hague Convention." OKM, Nr. 411.
[84] Vgl. z. B. *Oechsner*, S. 111 ff.

detaillierten Bekanntgabe des Auslegungsortes der Minen die Wirksamkeit der Mine als Kriegswaffe erhalten bliebe.

Es liegt auf der Hand, daß der freien Schiffahrt durch eine nachträgliche und ungenaue Information nicht gedient ist. Nur die frühzeitig erfolgte Bekanntmachung mit genauen Bezeichnungen der gefährlichen Zonen und der genauen Zeit bietet die beste Gewähr für eine sichere Seefahrt. Leider haben sich die Staaten zu solchen Pflichten bis heute nicht durchringen können[85].

Etwas anderes gilt jedoch für neutrale Staaten, die Minen zur eigenen Sicherheit vor ihren Küsten legen. Hier war es für die Vertragsmächte möglich, sich auf eine vorherige Bekanntgabe zu einigen.

Schon bevor das Institut de Droit International zu der sehr umstrittenen Frage, ob neutrale Staaten im Krieg ihre Hoheitsgewässer verminen dürfen, positiv Stellung genommen hatte[86], stellten die Staaten auf der Haager Konferenz von 1907 eine Informationspflicht der vorzeitigen Bekanntgabe von Minensperren für die neutralen Staaten auf.

Art. 4 der VIII. Haager Konvention fordert:

Jede neutrale Macht, die vor ihren Küsten selbsttätige Kontaktminen legt, soll dieselben Regeln beobachten und dieselben Vorsichtsmaßregeln treffen, wie sie den Kriegführenden zur Pflicht gemacht sind.

Die neutrale Macht muß durch eine vorgängige Bekanntmachung die Gegenden, wo selbsttätige Kontaktminen gelegt werden sollen, zur Kenntnis der Schiffahrtskreise bringen.

Diese Bekanntmachung soll den Regierungen schleunigst auf diplomatischem Wege mitgeteilt werden.

Soweit festzustellen ist, wurde gegen die Informationspflicht des Art. 4 von keiner Seite Widerspruch erhoben. Durch das Minenlegen in eigenen Gewässern und deren Bekanntgabe versuchen die neutralen Staaten, ihre Neutralität zu bewahren und Konflikten mit anderen Staaten zu entgehen[87].

---

[85] „It should be compulsory for belligerents ... to notify immediately any area they mine wether on the high seas or in their own or the enemy's waters." *Hall*, S. 68; vgl. auch *Dupuis*, Le Droit de la Guerre maritime d'après les Conférences de la Haye, S. 573; *Stadtländer*, S. 22.

[86] In Art. 6 der in Madrid im Jahre 1911 beschlossenen Regeln heißt es: „Ein neutraler Staat darf zur Verteidigung seiner Neutralität Minen in seinen Hoheitsgewässern legen. Er muß dann die gleichen Bestimmungen anwenden und die gleichen Vorsichtsmaßnahmen treffen wie ein kriegführender Staat."

[87] In der Notifikation über die Legung von Minen die von dem dänischen Marineministerium am 5. 8. 1914 abgegeben wurde, heißt es: „The Government decided yesterday to issue a neutrality proclamation with regard to the war between Germany and England. They have also laid mines in the Danish Lobe, in the Sound, which are, as far as possible, designed to prevent war operations in Danish territorial waters; and to maintain connection with

In der englischen Stellungnahme vor dem IGH im Korfu-Kanal-Fall wurde folgende Erklärung zur Einhaltung der Haager Richtlinien abgegeben:

„The Allied Powers in both wars held themselves bound by the Convention and throughout observed the provision relating to notification[88]."

Daraus ist zu entnehmen, daß alle Staaten, die am 2. Weltkrieg teilnahmen, ein gemeinsames Interesse hatten, die Notifikationspflicht der VIII. Haager Konvention zu beachten. Dieses Interesse bestand aber nicht nur in Kriegszeiten, sondern auch in Friedenszeiten. Auch das betonte der IGH in der Korfu-Kanal-Entscheidung, indem er sagte, daß eine Notifikationspflicht auch in Friedenszeiten zum Wohle der gesamten Schiffahrt bestehe, wenn ein Staat über das Bestehen von Minen in seinen Hoheitsgewässern informiert sei. Diese Verpflichtung beruhe nicht auf der VIII. Haager Konvention von 1907, welche nur im Kriegsfall anwendbar sei, sondern ergäbe sich aus gewissen allgemeinen und anerkannten Prinzipien, nämlich humanitären Grundsätzen der „freedom of maritime communication" und dem Gebot eines jeden Staates, nicht wissentlich Maßnahmen im eigenen Hoheitsgebiet zu dulden, die die Rechte anderer Staaten beeinträchtigen[89].

Daß auch für den Staat, der Kenntnis von der Minenlegung hat, ohne sie selber gelegt zu haben, eine Notifikationspflicht besteht, wurde auch von Albanien nicht bestritten. Richter Ecer aus Albanien erklärte in seiner abweichenden Stellungnahme zum Urteil:

„I am convinced if the Albanian Government had known about the laying of the mines, it would have done everything in its power to prevent the minelaying or if that had been impossible to notify it or at any rate to warn the ships[90]."

Voraussetzung für die Einhaltung jeglicher Informationspflichten ist selbstverständlich die rechtzeitige Kenntniserlangung über einen Tatbestand, wie z. B. das Vorhandensein von Minen. Erst nachdem ein Staat selbst über ein Ereignis informiert ist, beginnt der Zeitpunkt, indem festgestellt werden kann, ob eine Notifikationspflicht rechtzeitig eingehalten wurde. Bezüglich des Zeitpunktes der Entstehung einer Notifikationspflicht betonte Richter Badawi Pasha im Korfu-Kanal-Fall:

„... the precise moment when knowledge occurred must be determined, in order to decide when the obligation to notify the existence of the mine fields

---

the Danish mainland it was decided to lay mines in the Baltic Sea." *Jessup*, A Collection of Neutrality Laws, Regulations and Treaties of various Countries, Bd. I, S. 526.

[88] ICJ Reports, 1949, S. 37 ff.

[89] ICJ Reports, 1949, S. 22.

[90] ICJ Reports, 1949, S. 127.

arose, or if there was not sufficient time to make the notification, when the obligation to warn the ships, which were passing through the Channel, of the danger into which they were running arose[91]."

Ob das Auflaufen der zwei englischen Zerstörer auf die Minen verhindert hätte werden können oder wieviele Schiffe der neutralen Staaten im 1. und 2. Weltkrieg verschont geblieben wären, wenn eine vorzeitige und genaue örtliche Bekanntgabe der Minenfelder stattgefunden hätte, läßt sich nicht mehr feststellen[92]. Man kann jedoch mit Sicherheit davon ausgehen, daß bei einer vorzeitigen und genauen örtlichen Bekanntgabe oder selbst bei Einhaltung des Art. 3 der VIII. Haager Konvention, der eine nachträgliche Bekanntgabe der Minenfelder fordert, in vielen Fällen Schiffe nicht beschädigt worden wären. Die kriegführenden Staaten kamen leider häufig der Informationspflicht des Art. 3 nicht nach, obwohl sie die VIII. Haager Konvention ratifiziert haben.

Zusammenfassend läßt sich feststellen, „daß die zur Gewohnheitsbildung erforderliche Gleichmäßigkeit der Staatenpraxis nur für die Pflicht zur nachträglichen Notifikation, nicht aber für die Genauigkeit der in der Notifikation enthaltenen Ortsangaben vorhanden ist. Was das Bestehen einer allgemeinen Rechtsüberzeugung angeht, so wurde eine Rechtspflicht zur Notifikation im Prinzip von allen Staaten ausnahmslos anerkannt. Das geht sowohl aus den offiziellen Stellungnahmen der einzelnen Staaten auf der 2. Haager Friedenskonferenz und in den beiden Weltkriegen als auch aus der Äußerung der internationalen Völkerrechtswissenschaft hervor"[93].

Aus der Übernahme der ersten drei Artikel des VIII. Haager Abkommens in die innerstaatlichen Marinegesetze vieler Staaten[94] ist zu er-

---

[91] ICJ Reports, 1949, S. 61.

[92] Durch Minen verloren die neutralen Staaten während des 1. Weltkrieges folgende Schiffe:

Norwegen	—	97 Schiffe
Holland	—	86 Schiffe
Schweden	—	76 Schiffe
Dänemark	—	38 Schiffe
Spanien	—	8 Schiffe
Griechenland	—	6 Schiffe
USA	—	5 Schiffe

entnommen *Turlington*, Neutrality, its history economics and law, Bd. II, S. 63.

[93] *Bock*, S. 345, 346.

[94] So Kapitel VI, § 611 der US-Instructions on the Law of Naval Warfare. Auch Art. 7 und 8 der französischen Instruktionen von 1934 übernahmen die Bestimmungen des Haager Abkommens. Art. 14 des italienischen Neutralitätsgesetzes geht sogar weiter als das Haager Abkommen, indem es verlangt, daß die Abgrenzung des Minengebietes nicht nur den anderen Staaten mitgeteilt, sondern auch den Kapitänen der Schiffe unter Angabe von Verhaltensmaßregeln bekanntgegeben werden soll.

kennen, daß die Staaten die Sicherheit der friedlichen Schiffahrt aufrechtzuerhalten wünschen sowie, wenn möglich, eine Erweiterung eines
Konfliktes, der zur Zerstörung von Menschen und Material führen
kann, verhindern wollen.

Auch in der neuesten Anwendung der Minensperrung im Vietnam-
krieg fühlten sich die Vereinigten Staaten von Amerika verpflichtet,
alles nur Mögliche zu tun, um für eine weltweite Bekanntmachung der
Minenlegung zu sorgen. Zum ersten Mal wurden Satelliten und ein
„Informationsschiff" (notificationship) benutzt, um dieser völkerrechtlichen Pflicht nachzukommen. Eine vorzeitige Bekanntgabe über den
genauen Ort der Auslegung der Minen wurde offiziell mit Hilfe von
Massenmedien von Amerika abgegeben[95]. Hiermit sind die Vereinigten
Staaten von Amerika allen Forderungen nach einer Information bei
der Anlegung von Minenfeldern nachgekommen und sind damit über
die Forderungen des VIII. Haager Abkommens sogar hinausgegangen.

Es war ihre eindeutige Absicht, Schäden zu verhindern und somit
Konflikte mit anderen Staaten zu umgehen. Dies ist u. a. auch der
Grund, warum sie nach Beendigung des Vietnamkrieges bereit waren,
die von ihnen ausgestreuten Minen wieder zu entfernen, um somit
Art. 5 der VIII. Haager Konvention einzuhalten. Als Vertragsmitglied
sind sie danach verpflichtet,

„nach Beendigung des Krieges alles, was an ihnen liegt zu tun, um, jede auf
ihrer Seite, die gelegten Minen zu beseitigen. Was die verankerten selbsttätigen Kontaktminen betrifft, welche einer der Kriegführenden längs den
Küsten des anderen gelegt hat, so soll deren Lage von derjenigen Macht, die
sie gelegt hat, der anderen Partei mitgeteilt werden und jede Macht soll in
kürzester Frist zur Beseitigung der in ihren Gewässern befindlichen Minen
schreiten"[96].

Dieses ist die erste vertraglich festgelegte Notifikationspflicht der
kriegführenden Staaten, die genaue Angaben der Minenfelder nach
Beendigung eines Krieges an andere Staaten fordert. In Beziehung auf
Art. 5 „konnte auf der Haager Konferenz weitgehende Übereinstimmung erzielt werden, weil hier die Interessenlage für alle an der Seeschiffahrt teilnehmenden Staaten die gleiche war; unkontrollierte

---

[95] Die führende amerikanische Zeitschrift „Time" schrieb am 22. 5. 1972
folgendes: „Even as President Nixon was announcing the mining of North
Vietnamese ports, the US Ambassador to the UN, George Bush, moved to
inform the Security Council. According to prescribed protocol, such formal
notification is made to the Council president, but this month that regularly
rotated position happens to belong to the US representative, namely Bush.
Bush ceremonially addressed his letter and then delivered it to himself,
informing himself that the US had a legal right to take action under the
UN Charter's doctrine of „collective-self-defense", S. 34.
[96] Art. 5 Haager Konvention; vgl. auch Kapitel VI, § 611 der US Law of
Naval Warfare.

Treibminen gefährden in jedem Falle die friedliche Schiffahrt, und ihre Beseitigung nach Beendigung der Feindseligkeiten ist unerläßlich"[97].

Diese Pflicht wurde auch nach dem 2. Weltkrieg von den Siegermächten erfüllt. Die führenden Seemächte Großbritannien, Frankreich, die Sowjetunion und die Vereinigten Staaten von Amerika[98] kamen im Jahre 1945 zu einer Übereinkunft über die Räumung von Minen des 2. Weltkrieges[99]. Zur Erfüllung dieser Aufgabe wurden zwei internationale Behörden, die Central International Mine Clearance Board und die Mediterranean Mine Clearance Board, errichtet.

Gem. §§ 13 bis 16 (Annex 3 des Britischen Memorials) ist die Zentralbehörde der Central International Mine Clearance Board verpflichtet, die neu entdeckten Minenfelder, die sich während der Aufräumungsarbeiten zeigen, den Staaten mitzuteilen. Es ist nicht zu bezweifeln, daß ohne die Einhaltung der Verpflichtung, sich gegenseitig Informationen über die Art der Minen und den Ort der Minenfelder zu liefern, die Räumungsarbeiten erheblich kostspieliger und schwieriger gewesen wären. Außerdem wäre der internationale Schiffsverkehr erheblich beeinträchtigt worden. Angesichts dieser Tatsache wurde wieder einmal deutlich, daß die Staaten bereit waren, sowohl die dazu nötigen Informationspflichten einzuhalten, als auch die Minenbehörden zu unterstützen, die Räumungsarbeiten zu erleichtern.

---

[97] *Kruse,* WVR², Bd. II, S. 538.

[98] Abkommen zwischen Großbritannien, Frankreich, USA und der Sowjetunion vom 22. 9. 1945; im Korfu-Kanal-Fall stützte sich England auf dieses Abkommen, um seine Räumungsarbeiten im Kanal zu rechtfertigen. Vgl. ICJ Reports, 1949, S. 34.

[99] Im 2. Weltkrieg wurden insgesamt 600 000 Minen gelegt, davon 500 000 im Nordwesten Europas. *Rousseau,* Droit international public, S. 609.

D. Informationspflichten im Seefriedensrecht

I. Informationen zur Sicherheit des Staates und des zwischenstaatlichen Verkehrs

1. Einleitung

Selbstverständlich waren die Staaten auch in Friedenszeiten bereit, Informationspflichten, die unabhängig von Kriegen und deren Folgen bestehen, zum Schutze von Mensch und Eigentum zu erfüllen. Durch den florierenden Handelsverkehr in Friedenszeiten auf Hoher See, entlang der Küsten und in den Flußmündungen der großen Handelsnationen wurde es notwendig, einheitliche internationale Seeverkehrsregeln für die Verbesserung der Schiffssicherheit zu schaffen. Ein Vergleich der Schiffssicherheitsverträge von 1914, 1929, 1948 und 1960 macht deutlich, daß die Anforderungen an die Schiffssicherheit erhöht wurden.

„Während der Schiffssicherheitsvertrag von 1914 in der Hauptsache nur Vorschriften für Passagierschiffe über Bauart, Funktelegraphie, Rettungsgeräte und Brandschutz enthielt, bezogen die folgenden Verträge in steigendem Umfang auch die Frachtschiffe in ihre Regelungen ein[1]."

Auch Informationspflichten wurden nunmehr erforderlich. Sie wurden ein Teil der notwendigen Verkehrsregeln, die zur Sicherheit und Ordnung gehören. Dabei waren die Gebräuche der großen Seefahrernationen[2], die zum Gewohnheitsrecht als der bedeutendsten Rechtsquelle des internationalen Seerechts[3] beitrugen, von entscheidendem Einfluß auf die Entwicklung des Seerechts mit seinen Informationspflichten.

2. Identifikationspflichten

Aufgrund der Territorialhoheit der Küstenstaaten waren sie berechtigt, Gesetze zu erlassen, die verlangen, daß ein Schiff sich in fremden

---

[1] *Haalck* und *Reintanz*, S. 245.

[2] So z. B. der britische Merchant Shipping Act von 1862, der die Zusammenstöße auf Hoher See verhindern wollte. Er wurde von mehr als 30 Seefahrernationen übernommen. Vgl. *Colombos*, S. 277; auch der Pariser Vertrag von 1856, die Mannheimer revidierte Schiffahrtsakte von 1868, der Berlin-Vertrag von 1878, die Londoner Konvention von 1883, die Berliner-Kongoakte von 1885 und weitere europäische Vereinbarungen und Gesetze beeinflußten das Seerecht.

[3] *Westlake*, Bd. I, S. 16, 17; *Hall*, S. 5, 6.

Hoheitsgewässern durch die Führung einer Flagge, das Kennzeichen seiner Nationalität[4], und durch Benennung und Bezeichnung auszuweisen habe[5].

Die Praxis der Identifikation vorbeifahrender Schiffe wird von allen Küstenstaaten aus Gründen der eigenen Sicherheit gefordert[6], sie beruht auf alter Übung.

Dieses völkerrechtlich anerkannte Recht, daß ein Staat Kontrollrechte innerhalb seines Küstenraumes ausüben kann, wird auch in Art. 17 des Genfer Übereinkommens über das Küstenmeer und die Anschlußzone bestätigt[7], indem von jedem Schiff gefordert wird, daß es sich durch Flagge oder durch Funk zu identifizieren habe.

Ob es sich um ein nationales oder fremdes Schiff handelt, ist im allgemeinen nur an der Flagge zu erkennen. Die Führung oder das Hissen der Schiffsflagge kann genügen, um der Identifikationspflicht, die der Küstenstaat fordert, nachzukommen, da dieses einfache äußere Zeichen über die Nationalität des Trägers oder über gewisse Ereignisse informiert[8].

---

[4] *Perels* schreibt dazu: „Die Nationalflagge ist das äußere Kennzeichen der Staatszugehörigkeit eines Schiffes; sie ist das einfachste, wenn auch keineswegs unter allen Umständen das ausreichende Mittel der Legitimierung. Außer zur Bezeichnung der Nationalität wird sie aber auch gebraucht, um gewissen Tatsachen und Absichten Ausdruck zu geben." S. 51.

[5] Dies wurde schon 1894 in dem britischen Merchant Shipping Act festgelegt. Nach Art. 47 und 48 dieses nationalen Gesetzes, das zum Vorbild für viele internationale Übereinkommen wurde, war der Staat verpflichtet, den Namen von allen Privatschiffen, die unter seiner Flagge fuhren, zu registrieren und dafür zu sorgen, daß der Schiffsname deutlich zu erkennen war.

[6] „Der Küstenstaat hat ein völkerrechtlich anerkanntes Recht, für Zwecke der Verteidigung und Sicherheit, aber auch für andere Zwecke (z. B. Zölle, Hygiene, Fischerei) gewisse Beschränkungen für die Durchfahrt von Schiffen durch seine Küstengewässer aufzustellen; sie müssen aber, um völkerrechtsgemäß zu sein, vernünftig (reasonable) und zur Sicherheit und Verteidigung des Küstenstaates notwendig sein." *Kunz*, S. 280; vgl. auch die Vorschläge der International Law Commission der Vereinten Nationen über das Recht der Küstenstaaten. Nr. III und IV der Entschließung über die Unterscheidung zwischen der Rechtsstellung der Küstengewässer und Inlandgewässer, Annuaire de l'Institut de droit international, Bd. 47, 1957, S. 473.

[7] In Art. 1 und 2 des Genfer Übereinkommens über das Küstenmeer und die Anschlußzone von 1958 wurde bestätigt, daß sich die Souveränität eines Staates auf sein Hoheitsgebiet zu Lande, seine inneren Gewässer bis hinaus zum Küstenmeer als auch auf dessen Meeresgrund und Meeresuntergrund erstreckt, 516 UNTS 205. Vgl. auch *Colombos*, S. 100.

[8] *Perels*, S. 51. — Neben Nationalflaggen werden auch andere Flaggen verwendet. Hall beschreibt den Gebrauch zweier bekannter Flaggen folgendermaßen: „The white flag denotes to the enemy the fact that those hoisting it have surrendered or wish to parley; the red cross flag conveys the information that under its shelter no active fighting men are concealed ...", a.a.O., S. 31; vgl. auch *Phillimore*, Commentaries on international law, Bd. II, S. 51.

„In der Nationalität eines Schiffes liegt eine der Bürgschaften, die das Völkerrecht für die Freiheit der Schiffahrt bietet, und jedes Schiff auf Hoher See muß darum eine bestimmte Nationalität besitzen und muß jederzeit dafür Beweise antreten können. Dieser nationale Charakter ist die Grundlage für Schutzmaßnahmen des Flaggenstaates, er dient aber auch dem Schutz anderer Staaten im Falle von Schadensersatzansprüchen für Handlungen von Besatzung und Passagieren gegen Angehörige dieses Staates[9]."

Die Identifikationsverpflichtung gilt sowohl für Handels- als auch für Kriegsschiffe. Obwohl Kriegsschiffe kraft Gewohnheitsrechts oder innerstaatlicher Gesetze nicht gezwungen werden können, z. B. ihre Zeugnisse und Seebriefe vorzuzeigen, wie es von Handelsschiffen verlangt werden kann, liegt es im Interesse des friedlichen Ablaufes des Seeverkehrs, daß sie sich zumindestens durch das Hissen der Flagge in den Küstengewässern oder auf Hoher See ausweisen. Es wäre keinem Küstenstaat zuzumuten, ein Schiff, das sich nicht identifiziert und die Küstengesetze einhält, in seinen Gewässern zu dulden[10].

Art. 14 (6) des Übereinkommens über das Küstenmeer und die Anschlußzone bestätigt dies. Hier heißt es: „Unterseeboote haben über Wasser zu fahren und ihre Flagge zu zeigen."

Daß jeder Staat aus politischen und militärischen Gründen die Unterseeboote bei der Durchfahrt seiner Küstengewässer auffordern kann aufzutauchen und sich zu identifizieren, wird von keinem Staat in Frage gestellt. Die Nichteinhaltung der Identifikationspflicht ist eine Völkerrechtsverletzung, da auch Nichtmitglieder der Genfer Konvention über das Küstenmeer und die Anschlußzone dieser Pflicht kraft Gewohnheitsrechts nachkommen müssen[11].

Ein Küsten- und Uferstaat kann von Handelsschiffen neben der Flagge auch weitere Nationalitätsnachweise fordern[12]. Im allgemeinen

---

[9] *Colombos*, S. 236. — „The insistance upon an authorized flag is based upon the need to ensure that there is a State which may be regarded as responsible for infractions of international law committed by the ship; it is indispensable to the speedy identification of responsible parties." *Bowett*, The Law of the Sea, S. 44; *McDougall* und *Burke*, The Public Order of the Oceans, S. 1080 - 1083; *Gidel*, Bd. I, S. 74.

[10] „The passage of a foreign warship through the territorial waters of a state, if not notified to it, may constitute a source of danger especially, as I have already remarked, when the ship flies the flag of a Power with which the State concerned has not established diplomatic relations. I think therefore, that we ought to stipulate either that previous authorization is necessary or that notification must be given, to enable the State concerned to take any precaution it considers desirable." League of Nations Documents, 1930, Bd. 16, S. 59.

[11] Vgl. auch Art. 14 (4) und Art. 17 der Genfer Konvention über das Küstenmeer und die Anschlußzone.

[12] *Colombos*, S. 242. Neben der Identifikationsverpflichtung müssen die Benutzer von nationalen oder internationalen Flüssen nach den innerstaatlichen Polizei- und Zollvorschriften sowie multilateralen Verträgen auch

ist es für den Kapitän des aufgeforderten Schiffes keine Schwierigkeit sich auszuweisen, da jeder Staat, der ein Schiff unter seiner Flagge fahren läßt, verpflichtet ist, das Schiff mit Zeugnissen, Bescheinigungen über die Registrierung, mit Pässen oder Seebriefen und anderen Papieren für eine Identifizierung auszustatten[13].

Auch auf Hoher See kann die pflichtgemäße Ausweisung eines Schiffes durch seine Flagge und seit diesem Jahrhundert auch durch Schiffsfunk bei Begegnung mit Kriegsschiffen gefordert werden. Kommt ein Schiff dieser Pflicht nicht nach, so ist es der Beschlagnahme durch ein fremdes Kriegsschiff ausgesetzt[14].

Wenn ein Handelsschiff auf Hoher See von einem Kriegsschiff aufgefordert wird anzuhalten, müssen nach Gewohnheitsrecht beide Schiffe ihre Flagge hissen, um die erste Mitteilung über ihre jeweilige Identität abzugeben.

„Das Hissen der Kriegsflagge", schreibt Wehberg, „ergibt sich aus der Notwendigkeit, die Handelsschiffe von dem Charakter des Kriegsschiffes zu überzeugen. Irgendeine andere Möglichkeit für den Kauffahrer, sich von der Eigenschaft des Kriegsschiffes zu unterrichten, gibt es nicht. Insbesondere darf der Kapitän des Handelsschiffes von dem Kommandanten des Kriegsschiffes keinerlei Beweispapiere verlangen[15]."

Das anhaltende Kriegsschiff darf jedoch die Schiffspapiere des angehaltenen Schiffes verlangen, um sich zu vergewissern, daß das Kennzeichen der Nationalität, die Flagge, mit der ordnungsgemäßen Registrierung übereinstimmt[16].

Weiterhin ist die Identifizierungspflicht der privaten oder staatlichen Schiffe auch für die Aufklärung von Schiffsunglücken und Zusammenstößen wichtig. Würde diese gewohnheitsrechtliche Pflicht nicht bestehen, gäbe es erhebliche Schwierigkeiten bei jeder Bergungs-, Rettungs- und Aufklärungsaktion.

---

andere Angaben abgeben, siehe z. B. Art. 22 des revidierten Abkommens über die soziale Sicherheit der Rheinschiffer vom 13. 2. 1961, Bundestagsdrucksache V/3535, 4162; gem. Art. 3, 17 und 26 der Konvention über die Ordnung der Schiffahrt auf der Donau sind die Staaten verpflichtet, Informationen für die Sicherheit und Sauberkeit des Flusses und die Einhaltung der Bestimmungen zu liefern, 33 UNTS 181.

[13] *Dahm*, Bd. I, S. 678; *Oppenheim / Lauterpacht*, Bd. I, S. 596; *Colombos*, S. 241.

[14] „In the interest of order on the open sea, a vessel not sailing under the maritime flag of a State enjoys no protection whatever, for the freedom of navigation on the open sea is freedom for such vessels only as sail under the flag of a State. And any vessel, although the property of foreigners, which sails without authority under the flag of a State, may be captured by the men of war of such State, prosecuted, punished and confiscated." *Oppenheim / Lauterpacht*, Bd. I, S. 595; „Schiffe, die eine falsche Flagge führen, dürfen ohne weiteres aufgebracht werden." *Wehberg*, S. 265.

[15] *Wehberg*, S. 261.

[16] *Dahm*, Bd. I, S. 678; *Colombos*, S. 238.

Gem. Art. 8 des internationalen Übereinkommens zur einheitlichen Feststellung von Regeln über die Hilfeleistung und Bergung in Seenot[17] ist jeder Kapitän verpflichtet, allen Personen, selbst feindlichen, die auf See in Lebensgefahr angetroffen werden, Beistand zu leisten, und insoweit es möglich ist, dem anderen Schiff den Namen seines Schiffes und dessen Heimathafen mitzuteilen. Ferner muß er auch den Namen des Hafens, den er anzulaufen gedenkt, mitteilen. Fast wörtlich wurde diese Informationspflicht in Art. 12 I (c) des Genfer Übereinkommens über die Hohe See von 1958 aufgenommen[18]. Diese Übernahme zeigt, daß neben der wichtigen Identifikationsfunktion zur Sicherheit des Staates und des Verkehrs die Staaten bereit waren, ihre Kapitäne anzuhalten, gewisse Auskünfte zu geben, auch wenn sie nicht in der Lage sein sollten zu helfen. Dadurch ergab sich die Möglichkeit zu erfahren, warum ein Schiff nicht das oberste Gebot des Schiffsverkehrs, Beistand und Hilfe zu leisten, einhalten konnte.

Zusammenfassend kann man feststellen, daß die Identifikationspflicht zu einem der ältesten Informationspflichten des staatlichen Verkehrs gehört. Seit Anfang jedes Land- oder Seeverkehrs waren die Verkehrsteilnehmer aus Gründen der Selbsterhaltung interessiert, informiert zu sein, wer in ihre Nähe kommt oder sich dort aufhält. Die Möglichkeit, Menschen und Eigentum effektiver vor dem nahenden Feind zu schützen, war durch eine vorzeitige Identifizierung größer.

3. Informationspflicht zur Untersagung der Durchfahrt

Aufgrund der proklamierten und anerkannten Freiheit der Meere ist ein Durchfahrtsrecht im Frieden allen Flaggen ohne Ausnahme zu gewähren.

„Das Recht zur friedlichen Durchfahrt verpflichtet aber auch jedes fremde Schiff, die betreffenden Regeln des Völkerrechts sowie die Rechtsordnung und Souveränität des Küstenstaates zu respektieren[19]."

Darunter fallen natürlich auch jegliche völkerrechtliche und staatliche Informationspflichten. Besonders für die Staaten, durch deren Küstengewässer die Seeverkehrsrouten führten, war es notwendig, über die Benutzer informiert zu sein, da die Benutzung nicht auf Dauer zu verhindern war. Ein Recht, die Durchfahrt ausländischen Nichtkriegsschiffen durch seine Territorialgewässer zu verbieten, käme nur vorübergehend in Betracht (z. B. für dringende Ausbesserungsarbeiten).

---

[17] Diese erste internationale Regelung betreffs Hilfeleistung auf See wurde 1910 auf der Brüsseler Seerechtskonferenz niedergelegt. RGBl. 1913, S. 66; vgl. auch Übereinkommen zur einheitlichen Feststellung von Regeln über den Zusammenstoß von Schiffen vom 23. 9. 1910, RGBl. 1913, S. 49.

[18] *Berber*, Dokumentensammlung, Bd. I, S. 1347.

[19] *Haalck* und *Reintanz*, S. 90.

Um die daraus entstehenden zwischenstaatlichen Konflikte im Seeverkehr zu vermeiden, wenn Staaten vom bestehenden Recht auf
Durchfahrt durch Meeresengen und Küstengewässer abweichen, einigten sich die Seefahrernationen auf eine weitere Informationspflicht.
Gem. Art. 16 (3) des Genfer Übereinkommens über das Küstenmeer und
die Anschlußzone kann ein Küstenstaat „ohne fremde Schiffe untereinander diskriminierend zu behandeln, in bestimmten Zonen seines
Küstenmeeres die friedliche Durchfahrt fremder Schiffe vorübergehend
untersagen, wenn dies für den Schutz seiner Sicherheit unerläßlich ist.
Eine solche Untersagung wird erst nach gehöriger Bekanntmachung
wirksam"[20]. Hieraus ergibt sich eindeutig, daß die Vertragsmitglieder
zu einer Informationsübertragung im Falle einer Untersagung der
Durchfahrt verpflichtet sind.

Auch für den Fall, daß ein Küstenstaat bestimmte Teile seiner
Territorialgewässer zeitweilig (z. B. wegen militärischer Übungszwecke)
oder auf Dauer (z. B. wegen militärischer Stützpunkte) sperrt, sind den
ausländischen Seeverkehrsteilnehmern Mitteilungen darüber zu machen[21]. Eine direkte Mitteilung über die Errichtung einer Sperrgebiets-
zone z. B. durch diplomatische Note wird später nochmals indirekt
durch Einzeichnen in amtlich herausgegebene Seekarten bekanntgegeben.

4. Informationspflicht zur Genehmigung
der Durchfahrt von Kriegsschiffen

Kriegsschiffe dürfen das seit 1958 kodifizierte Recht der friedlichen
Durchfahrt[22] nicht in Anspruch nehmen. Dies ergibt sich daraus, daß
bewaffnete Land- oder Seeformationen fremder Nationen keine Staats-
grenze zu Lande übertreten oder in Küstengewässer ohne vorherige
Anmeldung und Erlaubnis eindringen dürfen. Das uralte Sicherheits-
denken und Mißtrauen fremden Ländern gegenüber macht Informationen zur Orientierung und Beurteilung einer potentiellen Gefahr erforderlich.

„Die sozialistischen Staaten haben in ihrem Vorbehalt zum Artikel 14
(Recht der friedlichen Durchfahrt des Übereinkommens über das Küsten-
meer und die Anschlußzone) ausdrücklich erklärt, daß durch die Anwen-
dung dieser Fassung nicht neues, die Signatarstaaten der Konvention bindendes
Völkerrecht geschaffen werden kann, das im Interesse der imperialistischen
Seemächte das Durchfahrtsrecht auch für Kriegsschiffe gestattet. Die sozia-
listischen Staaten vertreten damit zugleich die Interessen aller um ihre
Sicherheit besorgten Länder, welche Wert darauf legen, daß fremde See-

---

[20] *Berber*, Dokumentensammlung, Bd. I, S. 1339.
[21] *Haalck* und *Reintanz*, S. 99.
[22] Art. 14 des Übereinkommens über das Küstenmeer und die Anschlußzone gewährt das Recht der friedlichen Durchfahrt, *Berber*, Dokumentensammlung, Bd. I, S. 1338.

streitkräfte sich nicht unmittelbar vor ihrer Küste aufhalten und damit Einfluß auf die Vorgänge innerhalb des Landes nehmen[23]."

Daher hat z. B. die Sowjetunion das Durchfahrtsrecht der Kriegsschiffe durch Küstengewässer ohne vorherige Notifikation und Zustimmung nicht anerkannt und dem UN-Sekretariat mitgeteilt:

„The Government of the Union of Soviet Socialist Republics considers that a coastal state has the right to establish for the authorization of the passage of foreign warship through its territorial waters[24]."

Sowohl die Sowjetunion als auch andere Ostblockstaaten ließen deutlich erkennen, daß ein vorgängiger Antrag auf Durchfahrt an den Uferstaat übermittelt werden muß und daß vor dessen Zustimmung Kriegsschiffe die Küstengewässer nicht passieren dürfen[25].

Eine große Anzahl von Staaten hat für das Einlaufen fremder Kriegsschiffe in ihren Küstengewässern und inneren Seegewässern Sonderregelungen getroffen. Diese Bestimmungen setzen meistens das vorherige Einholen einer Genehmigung auf diplomatischem Wege oder aber zumindestens eine vorher gleichfalls auf diplomatischem Wege zu übermittelnde Ankündigung voraus. Außer den Ostblockstaaten wie z. B. UdSSR, Bulgarien, DDR, Polen und Rumänien verlangen auch Griechenland, die Türkei, Italien, Japan, Indonesien und Pakistan das vorherige Einholen der Genehmigung auf diplomatischem Wege. Großbritannien, Frankreich und Dänemark verlangen dagegen nur die auf diplomatischem Weg zu übermittelnde Ankündigung.

Die Vereinigten Staaten von Amerika sind der Auffassung, daß eine Ankündigung und Genehmigung oder eine bloße Ankündigung nur dann erforderlich ist, wenn ein Staat dieses von den US-Kriegsschiffen verlangt. Das Prinzip der Gegenseitigkeit ist für die USA ausschlaggebend. Unter befreundeten Staaten ist die Einholung einer Genehmigung nicht unbedingt erforderlich. Diese Auffassung kann Amerika sich leisten, da es ohnehin durch Satelliten und andere moderne technische Mittel über die Bewegung aller Kriegsschiffe ständig informiert ist. Wäre die technische Überlegenheit nicht gegeben, so würden die Vereinigten Staaten auch von ihren Freunden die strikte Einhaltung dieser völkerrechtlichen Ankündigungspflicht fordern.

[23] *Haalck* und *Reintanz*, S. 90, 91.
[24] *Franklin*, International Law Studies, S. 134; diese Auffassung der Sowjetunion wurde schon einmal im Jahre 1958 auf der 8. Sitzung der International Law Commission bekanntgemacht: „The coastal State may make the passage of warships through the territorial sea subject to previous authorization or notification." *Franklin*, S. 134; vgl. auch *Gidel*, Bd. III, S. 284; *Oppenheim / Lauterpacht*, Bd. II, S. 448; *Bustamente*, The Territorial Sea, § 173, S. 116.
[25] Die Einstellung der Ostblockstaaten äußerte sich auch darin, daß sie die Konvention über das Küstenmeer und die Anschlußzone nur unter Vorbehalt bezüglich Art. 23 unterzeichneten.

Die Durchfahrt von Kriegs- und Handelsschiffen durch Meerengen und Seekanäle, die die Meere miteinander verbinden und somit für die Weltschiffahrtswege von Bedeutung sein können, ist gewährleistet, da sie auf dem Prinzip der Freiheit der Hohen See beruht. Bei den internationalen Meerengen (z. B. die Dardanellen und der Bosporus[26] und Seekanälen (z. B. Nord- und Ostseekanal, Suezkanal[27] und Panamakanal[28]), die Bestandteil des Gebietes desjenigen Staates sind, durch den sie führen, bestehen vertragliche Regelungen und Pflichten, die u. a. aus Sicherheitsgründen die Ankündigung einer beabsichtigten Durchfahrt von Kriegsschiffen fordern.

Die Notwendigkeit solcher Informationspflichten ist auch an dem modernsten Zusatz des ältesten Vertrages über die Durchfahrt der Ostseemeerengen zu erkennen. (Vertrag von Kopenhagen vom 14. 3. 1857) In diesem königlichen Erlaß vom 27. 7. 1951 legte Dänemark folgende Informationspflicht „für die Gewährleistung der Sicherheit der Ostseeanliegerstaaten und für die Festigung des Friedens im Ostseeraum" fest:

„Für die Durchfahrt von Kriegsschiffen durch den Kleinen Belt ist eine Benachrichtigung der dänischen Behörden auf diplomatischem Wege 8 Tage vor der beabsichtigten Durchfahrt erforderlich.

Die Durchfahrt von Kriegsschiffen durch den Großen Belt ist frei. Wenn jedoch die Fahrt oder der Aufenthalt der Kriegsschiffe in der Meerenge länger als 48 Stunden andauert, muß 8 Tage vor der beabsichtigten Fahrt oder dem Aufenthalt auf diplomatischem Wege eine Benachrichtigung erfolgen. (Art. 6) ... Für die Fahrt durch die Fahrwasserdrogen und Holländerdyb (Gebiet der Kopenhagener Reede) ist jedoch eine Benachrichtigung auf diplomatischem Wege 8 Tage vor der beabsichtigten Fahrt erforderlich.

U-Boote dürfen die Ostseemeerengen nur in Überwasserlage mit gehißter Kriegsflagge durchfahren[29]."

---

[26] Nach Art. 13 des Abkommens von Montreux (20. 7. 1936) muß der Geschwaderchef, bevor er die Meerenge tatsächlich durchfährt, die türkische Signalstation von der genauen Stärke des Geschwaders unterrichten. Gem. Art. 2 (Friedenszeiten) und Art. 4 (Kriegszeiten) des Montreux-Vertrages dürfen Handelsschiffe aller Nationen tagsüber die Dardanellen und den Bosporus durchfahren, vorausgesetzt, daß die Türkei sich nicht mit einem der durchfahrenden Schiffe im Krieg befindet und daß ihre Bestimmungen eingehalten werden. Vgl. auch *Khoshkish*, The Right of Innocent Passage, S. 73 ff.; *Suche*, Der Meerengenvertrag von Montreux, S. 1 ff.

[27] Der Vertrag von Konstantinopel vom 29. 9. 1888 regelt die Benutzung des Suezkanals. In einer Deklaration vom 24. 5. 1957 erklärte Ägypten seine Übereinstimmung mit den Rechten und Pflichten der Konvention von Konstantinopel, United Nations Review, Bd. 3, Nr. 12, 1957.

[28] Der Hay-Pounce-Vertrag vom 18. 11. 1901 regelt die Benutzung des Panamakanals, Strupp Doc. II, S. 345. Im Jahre 1952 wurde die Ordnung der Schiffahrt auf dem Kanal im wesentlichen durch einseitige normative Bestimmungen der USA weiter geregelt.

[29] *Haalck* und *Reintanz*, S. 163, 164.

Auch für die Durchfahrt von Kriegsschiffen durch den Nordostsee-
kanal ist eine Ankündigung und Genehmigung zum Passieren des
Kanals erforderlich.

Angesichts der Forderung, daß jedes Kriegsschiff eine vorzeitige
Ankündigung bei der Durchfahrt von Meeresengen und internationalen Kanälen abzugeben hat, hat sich auch hier ein internationales
Gewohnheitsrecht zur Aufrechterhaltung der Sicherheit und des friedlichen Verkehrs gebildet.

II. Bekanntgabepflichten von
unmittelbaren Gefahren im Meeresbereich

1. Einleitung

„Die Seeschiffahrt ist besonderen Gefahren und Störungen ausgesetzt.
Das zahlenmäßige Anwachsen der Seeschiffe (1970: 29 548 Schiffe mit 218
Mill. BRT) führte in den letzten zehn Jahren zu einer Verdoppelung der
Welttonnage und damit zu einer außerordentlichen Zunahme der Verkehrs-
dichte in den Küstengewässern und auf See. Die höhere Durchschnittsge-
schwindigkeit der Seeschiffe (bei Stückgutfrachter 17 bis 21 Knoten) und die
Bündelung des Weltseeverkehrs auf bestimmten Routen schuf für die
Schiffahrt zusätzlich zu den Naturgewalten wie Sturm, Nebel oder Eis
weitere Gefahrenquellen. Im Jahre 1970 gingen z. B. von der Welthandels-
flotte 172 Schiffe mit 954 700 BRT total verloren[30]."

Zählt man die Kollisionen, Strandungen und Versenkungen der
nicht Handelsschiffe noch hinzu, so waren es insgesamt 352 Schiffe,
die im Jahre 1970 verloren gingen[31].

Aufgrund der rapiden Zunahme von Verkehrsgefahren in den letzten
Jahren waren die Staaten und internationalen Organisationen gezwungen, dem jahrhundertelangen Wachstumsprozeß der Schiffssicherheit
neue Impulse und Regelungen zu geben. Zur Weiterentwicklung des
Mindestsicherheitsstandards der Seeschiffahrt und zu der Bekämpfung
drohender Gefahren wurden u. a. auch neue Informationspflichten zur
Identifizierung und Lokalisierung der Gefahren geschaffen. Nur so
konnten die Küstenstaaten ihre „völkerrechtliche Verpflichtung, alle
ihnen zur Kenntnis gelangten Gefahren für die Schiffahrt in ihren
Territorialgewässern (Untiefen, ungeräumte Minenfelder, Wracks und
andere Unterwasserhindernisse) in geeigneter Form bekanntmachen"[32].

Nach langem Zögern und vielen mißglückten Versuchen entstanden
eine Reihe von bi- und multilateralen Verträgen über die Unterhaltung

---

[30] *Haalck* und *Reintanz*, S. 242.
[31] *Mostert*, Chaos auf See, in: Das Beste, Nr. 10, 1972, S. 30.
[32] *Haalck* und *Reintanz*, S. 100.

von Seezeichen, Leuchttürmen sowie über den Schutz des menschlichen Lebens auf See.

2. Gefahrmeldungspflichten des Seeverkehrs

Die Konferenz von Lissabon zur Vereinheitlichung der Seezeichen und Leuchtfeuerwesen an den Küsten vom 23. 10. 1930 hatte schon den Willen der Staaten erkennen lassen, sich gegenseitig zu verpflichten, Informationen zu liefern, um somit der Sicherheit auf See zu dienen[33]. In der von ihr vereinbarten Konvention verpflichteten sich die Teilnehmerstaaten gem. Art. 1, nur solche Signale zur Warnung von Gefahren oder Übertragungen anderer Informationen zu verwenden, die mit den vereinbarten Signalen konform sind. Wenn sie dagegen von diesen maritimen Signalen abweichen wollen, müssen sie dieses gem. Art. 2 vorzeitig melden. Eine ähnliche Regelung enthält Art. 2 des „Agreement for a Uniform System of Maritime Buoyage"[34].

Wenn es solche speziellen Informationspflichten der Staaten bei Abweichungen von Vereinbarungen über internationale Zeichen zur Verkehrssicherheit an Land, auf See oder in der Luft nicht gäbe, wären die Sicherheitsbemühungen und Ziele zur Vereinheitlichung vieler internationaler Vertragswerke gefährdet. Für den täglichen Ablauf eines freizügigen Land-, Luft- und Seeverkehrs müssen die Verkehrsteilnehmer sich auf die Gültigkeit der bestehenden Signale und Bestimmungen verlassen können. Die obligatorische Informationsbekanntgabe jeglicher Abweichungen trägt zur Verkehrssicherheit bei und leistet weiterhin einen Beitrag in einer Zeit, wo die bestehenden nationalen und internationalen Verkehrsregeln und Zeichen ohnehin nicht ausreichen, um die wachsenden Gefahren auf den überlasteten Seeverkehrsstraßen einzudämmen.

a) Eis, Wracks, Unwetter

Die Wichtigkeit und Bedeutung der Bekanntgabe von Gefahren zeigte sich zunächst an dem Internationalen Übereinkommen zum Schutze des menschlichen Lebens auf See von 1960.

Im 5. Kapitel dieser weltweiten Konvention verpflichteten sich die Mitgliedstaaten, die Kapitäne, die unter ihrer Flagge fahren, anzuhalten, folgende Informationspflichten einzuhalten:

---

[33] Agreement Concerning Maritime Signals, 23. 10. 1930, 125 LNTS, S. 97.
[34] *Art. 2:*
A departure from the provisions of the annexed Rules shall through proper notice of them be given to mariners. Agreement for a Uniform System of Maritime Buoyage, 13. 5. 1936.

„Der Kapitän jedes Schiffes, das gefährliches Eis, ein gefährliches Wrack
oder eine andere unmittelbare Gefahr für die Schiffahrt oder einen tropi-
schen Wirbelsturm antrifft, oder das auf mit stürmischen Winden verbun-
dene Lufttemperaturen unter dem Gefrierpunkt trifft, die schwere Eis-
ansatz an den Aufbauten verursachen, oder das in Winde von Stärke 10 oder
mehr nach der Beaufort-Skala gerät, für die keine Sturmwarnung empfan-
gen wurde, ist verpflichtet, in der Nähe befindliche Schiffe sowie die zuständigen Behörden an der ersten Küstenstelle, mit der er Verbindung aufnehmen kann, mit allen ihm zur Verfügung stehenden Mitteln hiervon zu unterrichten. Die Form der Nachrichtenübermittlung ist freigestellt. Die Meldung
kann in offener Sprache (vorzugsweise in Englisch) oder nach dem Internationalen Signalbuch abgegeben werden. Sie soll an alle in der Nähe befindlichen Schiffe sowie an die erste Küstenstelle gegeben werden, mit der Verbindung aufgenommen werden kann, mit der Bitte um Weiterleitung an die
zuständigen Behörden[35]."

In Regel 3 dieses Übereinkommens werden die erforderlichen Angaben, die jede Gefahrenmeldung enthalten muß, genauestens aufge-
zählt. So muß z. B. die Position, die Uhrzeit und das Datum des Eises,
des Wracks oder der beobachteten Gefahr mitgeteilt werden. Hiermit
stellten die Staaten eine sehr detaillierte Informationspflicht auf. Von
allen Bemühungen, mögliche Gefahren auf See zu bekämpfen, ver-
spricht diese Informationspflicht den größten Beitrag zur Sicherheit
des Verkehrs.

b) Reaktorschiffe

Neben den üblichen Gefahren (wie z. B. Naturkatastrophen, Schiffs-
unglücke) traten durch Ablaß und Versenkung radioaktiven Materials
im Meer und durch Ölverseuchungen neue Gefahren auf, die spezieller
Regelungen bedurften. Wie wichtig die sofortige Bekanntgabe und die
Angabe einer Gefahrenstelle für die Gesundheit vieler Menschen und
anderer Lebewesen ist, zeigt sich im Falle eines Tanker- oder Reaktor-
schiffsunfalls. Um die drohende Verseuchung zu lokalisieren und so
schnell wie möglich zu bekämpfen, schlossen mehrere Staaten bi- und
multilaterale Verträge, in denen Informationspflichten speziell für
diese Fälle festgelegt wurden[36].

Gem. Regel 12 des VIII. Kapitels des Übereinkommens zum Schutze
des menschlichen Lebens auf See von 1960 einigten sich die Staaten
auf folgende Informationspflicht:

„Bei einem Unfall, der zu einer Gefährdung der Umgebung führen könnte,
hat der Kapitän eines Reaktorschiffes unverzüglich die Verwaltung zu verständigen. Er hat ferner unverzüglich die zuständige Regierungsbehörde des

---

[35] *Berber,* Dokumentensammlung, Bd. I, S. 1391 ff.

[36] Da es sich in diesem Abschnitt um Schiffsunglücksmeldungen handelt,
werden die einzelnen speziellen Informationspflichten zur Bekämpfung der
Meeresverseuchungen (Öl, radioaktives Material) im folgenden Kapitel be-
handelt.

Staates zu verständigen, in dessen Gewässern das Schiff sich befindet oder dessen Gewässern sich das Schiff in beschädigtem Zustand nähert[37]."

Diese im Jahre 1960 aufgestellte Informationspflicht ist eine konsequente Fortsetzung der schon bestehenden Verpflichtungen, die in Art. 15 II des Genfer Übereinkommens über das Küstenmeer und die Anschlußzone vom 29. 4. 1958 den Vertragsstaaten auferlegt wurden. Danach hatte „der Küstenstaat alle ihm bekannten Gefahren, die in seinem Küstenmeer für die Schiffahrt bestehen, in geeigneter Weise bekanntzumachen"[38]. Die Bekanntmachung kann auch hier an einen Staat oder eine zuständige Behörde, wie die IMCO, oder an die durchfahrenden Schiffe direkt durch internationale Seezeichen, Leuchttürme und Küstenstationen übermittelt werden.

Auch diese Konvention schreibt nicht vor, in welcher Form die Information abgegeben werden soll. Das überließ man dem Ermessen eines jeden Staates, da es nur darauf ankam, daß die Gefahr überhaupt bekanntgegeben wurde, und somit die Form der Bekanntgabe keine Rolle spielte.

Bedauernswerterweise besteht die Informationspflicht, bei einem Reaktorunfall Meldung zu machen, nicht für Kriegsschiffe, da Regel 1 des VIII. Kapitels über Reaktorschiffe sie ausdrücklich ausgenommen hat.

Auch die bilateralen Vereinbarungen betreffs der NS Savannah und NS Otto Hahn[39] beziehen sich nur auf die zivile Schiffahrt. Für den Fall, daß eines dieser Schiffe in den Hoheitsgewässern eines der vertragsschließenden Staaten verunglückt, besteht die Pflicht für den Kapitän des Reaktorschiffes, sofort davon Meldung an die zuständige nationale Behörde des fremden Staates zu machen[40].

---

[37] *Berber*, Dokumentensammlung, Bd. I, S. 1409.

[38] *Berber*, Dokumentensammlung, Bd. I, S. 1339; 516 UNTS 205.

[39] Es bestehen folgende Verträge über das Einlaufen, die Benutzung der Gewässer und Häfen:
NS Savannah:
Vertrag zwischen der BRD und den USA, 29. 11. 1962, 460 UNTS 1969;
Vertrag zwischen den USA und GB, 14. 6. 1964, 530 UNTS 99.
NS Otto Hahn:
Vertrag zwischen BRD und Niederlanden, 28. 10. 1968, BGBl. 1969 II, S. 1121;
Vertrag zwischen BRD und Liberien, 27. 5. 1970, BGBl. 1971 II, S. 953;
Vertrag zwischen BRD und Portugal, 29. 1. 1971, BGBl. 1972 II, S. 57;
Vertrag zwischen BRD und Argentinien, 21. 5. 1971, BGBl. 1972 II, S. 68.

[40] Z. B. Art. 4 BRD—USA
Art. 15 USA—GB
Art. 6 (4) und Art. 10 BRD—Portugal
Art. 5 (4) BRD und Argentinien
Art. 9 BRD und Liberien
Art. 9 BRD und Niederlande.

Art. 15 des englisch-amerikanischen Vertrages verlangt, daß der sofortige Bericht gem. Regel 12, Kapitel VIII des internationalen Übereinkommens von 1960 (Übereinkommen zum Schutz des menschlichen Lebens auf See) zu erfolgen hat. Die Staaten, die diese bilateralen Verträge abgeschlossen haben, waren der Meinung, daß solche Meldepflicht bestehen muß. Falls eines dieser Schiffe durch Zufall nach einem Unfall von der Meeresströmung in die Territorialgewässer eines Staates, mit dem er keinen Vertrag abgeschlossen hat, getrieben wird, besteht dagegen eine gewohnheitsrechtliche Meldepflicht.

Für den Fall, daß ein Schiff wegen schlechten Wetters, Havarie oder Eisgangs in Seenot gerät und somit gezwungen ist, einen Hafen anzulaufen, besteht die gewohnheitsrechtliche Pflicht, das beabsichtigte Einlaufen zu melden. Dabei wird kein Unterschied zwischen Reaktor-, Handels- oder Kriegsschiffen gemacht.

> „Ein derartiges Schiff muß bei der ersten sich bietenden Gelegenheit die Behörden des Küstenstaates vom beabsichtigten Einlaufen in seine Gewässer unterrichten und im Bedarfsfall um die entsprechende Hilfe bitten[41]."

Auch hier zeigt sich einer der wenigen Fälle, in dem ausnahmsweise Schiffe aller Art verpflichtet werden, einer Informationspflicht des internationalen Seerechts und des nationalen Rechts vieler Staaten nachzukommen.

3. Mitteilung zur Entbindung der Hilfeleistung

Wenn sich ein Schiff aus irgend einem der vorher aufgezeichneten Gründe in Seenot befindet und keinen Hafen allein mehr erreichen kann, ist jeder Kapitän eines Schiffes, welches sich in der Nähe aufhält, verpflichtet, so bald er eine Meldung erhält, „mit größter Geschwindigkeit den in Not befindlichen Personen zu Hilfe zu eilen und ihnen nach Möglichkeit hiervon Kenntnis zu geben"[42].

Um von dieser Hilfeleistungspflicht entbunden zu werden, bedarf es nach Regel 10 d des Übereinkommens zum Schutz des menschlichen Lebens auf See einer weiteren Information.

> „Der Kapitän eines Schiffes ist von der unter Buchstabe (a) und, wenn sein Schiff angefordert wurde, von der unter Buchstabe (b) vorgesehenen Verpflichtung entbunden, wenn ihm von den in Not befindlichen Personen oder dem Kapitän eines anderen Schiffes, das diese Person erreicht hat, mitgeteilt worden ist, daß eine Hilfeleistung nicht mehr erforderlich ist."

---

[41] *Haalck* und *Reintanz*, S. 208.

[42] Regel 10 a, Kapitel V, Internationales Übereinkommen zum Schutz des menschlichen Lebens auf See von 1960, *Berber*, Dokumentensammlung, Bd. I, S. 1395.

Die Mitteilung von der Hilfeleistung ist eine Information, die nicht nur der Sicherheit des Schiffsverkehrs dient, sondern auch den weiteren Ablauf nach einer Notlage erleichtert. Sie ist eine der nötigen Informationspflichten, die einen wesentlichen Bestandteil der Rettungs- und Koordinierungsbemühungen des internationalen Seerechts darstellen.

4. Pflicht zur Weitergabe der Gefahrenmeldungen

Nach der Übermittlung vereinbarter Gefahrenmeldungen haben sich die Vertragsregierungen verpflichtet, alle notwendigen Maßnahmen zu treffen, um sicherzustellen, daß jede empfangene Meldung über eine der in Regel 2 (a) des Internationalen Übereinkommens zum Schutze des menschlichen Lebens auf See aufgestellten Gefahren unverzüglich allen, die es angeht, zur Kenntnis zu bringen, sowie auch anderen interessierten Regierungen mitzuteilen ist[43].

Schon seit der Londoner Konferenz von 1912, auf der das zweite internationale Funktelegraphieabkommen[44] (das erste stammte vom 3. 11. 1906)[45] von 30 Staaten beschlossen wurde, besteht eine staatliche Pflicht, Funksprüche mit jedem anderen Schiff und mit allen Schiffsfunkstellen und Küstenfunkstellen, die von den Unterzeichnern kontrolliert werden, auszutauschen. Es wird beabsichtigt, die Weitergabe von empfangenen Gefahren- oder Unfallmeldungen zu sichern. Darüber hinaus waren private und staatliche Funkstellen verpflichtet, Notrufe jederzeit mit unbedingtem Vorrang aufzunehmen, sie in gleicher Weise zu beantworten und ihnen die erbetene Wirkung zu verleihen. Diese allgemeine Pflicht zum funktelegraphischen Verkehr zwischen den Küstenstationen und den Schiffen untereinander wurde auch in Art. 11 der „Washington Radiotelegraph Convention" vom 25. 11. 1927 festgelegt[46].

Um sicherzustellen, daß Staaten Meldungen über Gefahren, die von Meer oder Land drohen, den Vorrang im Funkverkehr einräumen, hatten sich die Staaten schon im Madrider Weltnachrichtenvertrag vom 9. 12. 1932 darauf geeinigt[47]. Dieses internationale Abkommen faßte die

---

[43] Regel 2 (b), Gefahrenmeldungen, V. Kapitel des Übereinkommens zum Schutze des menschlichen Lebens auf See.

[44] RGBl. 1913, S. 373.

[45] RGBl. 1908, S. 411.

[46] *Hudson*, International Legislation, Bd. III, S. 2197; the International Radio Conference of Washington, in: AJIL, Bd. 22, 1928, S. 28 - 49; „Früher als die allgemeine Pflicht zum Fernmeldeverkehr wurde die Pflicht zum funktelegraphischen Verkehr zwischen Küstenstationen und Schiffen untereinander vereinbart", *Dahm*, Bd. I, S. 669.

[47] *Hudson*, Bd. VI, S. 129.

älteren Organisationsformen, wie die Telegraphieunion und die Organisation der Radiotelegraphie, im Weltnachrichtenverein zusammen.

Diese Regelungen und Anstrengungen in Verbindung mit den nachfolgenden regionalen Telekommunikationsverträgen[48] versuchten eine Ordnung und Einheit im Fernmeldebereich zu schaffen, die u. a. dadurch auch Übermittlungen von Gefahren und Rettungsaktionen auf See erleichterten.

Die Bemühungen der Staaten wurden im Washingtoner Radiotelegraphieabkommen von 1937[49] fortgesetzt.

Der gegenwärtig geltende Internationale Fernmeldevertrag vom 19. 11. 1965, der den Genfer Vertrag von 1959[50] ersetzte, bestätigte die bereits bestehende Informationspflicht in Art. 49 nochmals.

„Die Funkstellen sind verpflichtet, Notanrufe und Notmeldungen, woher sie auch kommen mögen, mit unbedingtem Vorrang aufzunehmen, diese Meldungen ebenso zu beantworten und das hiernach Erforderliche sofort zu veranlassen[51]."

Da die Funkstellen immer staatliche Einrichtungen sind, handelt es sich hier um eine staatliche Informationspflicht. Mit der Festlegung und Bestätigung des Vorranges einer solchen Information vor weniger wichtigen Mitteilungen waren die Staaten offensichtlich bemüht, die Sicherheit auf den Internationalen Seewasserstraßen zu erhöhen.

5. Bekanntgabe von Schiffsrouten

Die Absicht, sich durch die Übermittlung von Informationen zu helfen, verfolgten auch die Vertragsstaaten des Internationalen Übereinkommens zum Schutz des menschlichen Lebens auf See, indem sie sich in Regel 8 des V. Kapitels verpflichteten, die Reedereien anzuhalten,

---

[48] In den 30er Jahren wurden über 15 verschiedene regionale Verträge im Fernmeldebereich abgeschlossen. Viele von den regionalen Abkommen betrafen die Radiotelephondienste auf Schiffen in den verschiedenen Weltmeerbereichen (z. B. Nordseeabkommen vom 8. 10. 1934).

[49] *Art. 16 I:* The International Bureau of the Telegraph Union shall be charged with collecting, coordinating and publishing information of all kinds relative to radio service ...

Art. 21: The contracting Governments shall communicate to one another, if they deem it useful the laws and regulations which have been promulgated ... relative to the object of the present Convention. Vgl. auch „Inter-American Arrangement concerning Radio-Communication Convention" von 1937. In Art. 15 verpflichteten sich die Vertragsstaaten, alles Nötige zu unternehmen, um Radiostationen zu bauen und Information zur Sicherheit der Luft- und Wassernavigation zu liefern. Weiterhin verpflichteten sie sich, die Radiofrequenzen, die sie zu verwenden beabsichtigen, auszutauschen. *Hudson*, Bd. VII, S. 776, 923.

[50] Österreich BGBl. Nr. 253, 1962.

[51] BGBl. 1968 II 961.

die von ihren Schiffen regelmäßig zu befahrenden Wege sowie alle
Änderungen dieser Wege öffentlich bekanntzugeben. Die Vertragsstaaten verpflichteten sich weiterhin, soweit sie selbst nicht Eigentü-
mer der Reedereien seien, ihren Einfluß geltend zu machen, um die
Reeder aller Fahrgast- und Handelsschiffe, die den Atlantik überque-
ren, zu veranlassen, die anerkannten Schiffswege zu benutzen. Jede
Hilfeleistung und Bergungsaktion wird dadurch erleichtert, da die
Schiffsrouten bekannt sind und häufiger befahren werden. Die Möglichkeit einer Unterstützung durch ein in der Nähe fahrendes Schiff
wird dadurch vergrößert. Ereignet sich trotz allem ein Unfall oder
gerät ein Schiff in ein Unwetter und sinkt, so ist wichtig, die genauen
Umstände des Unglücksfalles festzustellen, um möglicherweise bessere
Sicherheitsmaßnahmen in Zukunft treffen zu können.

Um die Aufklärung des Unglücksfalles weiter zu erleichtern, einigten
sich die Seefahrernationen auf eine zusätzliche Informationspflicht.
Nach Regel 21 (a) des IV. Kapitels des Abkommens von 1960 ist jeder
Staat zur Untersuchung des Seeunfalles verpflichtet. Nach Absatz (b)
hat er „der Organisation (IMCO) alle einschlägigen Angaben über die
Ergebnisse dieser Untersuchungen zuzuleiten".

6. Meldung von Schiffsunglücksfällen

Zusätzlich vereinbarten eine große Anzahl von Staaten eine Mittei-
lungspflicht über einen Schiffsunfall auf See in bilateralen Verträgen
über konsularische Beziehungen. Vorbild war das Wiener Abkommen
über konsularische Beziehungen vom 24. 4. 1963[52]. Viele Staaten, darunter die derzeitig führenden Seemächte, haben die Informationspflicht
des Art. 37 des Wiener Abkommens fast wörtlich übernommen[53]. Darin
heißt es:

„Verfügen die zuständigen Behörden des Empfangsstaates über die entsprechenden Auskünfte, so sind sie verpflichtet,

---

[52] 596 UNTS 261; bis zum 31. 12. 1972 haben 46 Staaten das Abkommen ratifiziert, Fundstellennachweis B, S. 282.
[53] In folgende Konsularverträge wurde ein fast identischer Wortlaut
übernommen:
a) Art. 23 II des Konsularischen Abkommens zwischen den USA und
   Japan, 22. 3. 1963, ILM, Bd. II, 1963, S. 750;
b) Art. 14 des Konsularischen Abkommens zwischen den USA und der
   UdSSR, ILM, Bd. III, 1964, S. 780;
c) Art 40 I des Konsularischen Abkommens zwischen Großbritannien,
   Nordirland und der UdSSR, ILM, Bd. V, 1966, S. 747;
d) Art. 41 I des Konsularischen Abkommens zwischen Japan und der
   UdSSR, ILM, Bd. V, 1966, S. 1144;
e) Art. 39 I des Konsularischen Abkommens zwischen Frankreich und der
   UdSSR, ILM, Bd. IX, 1970, S. 365.

(c) unverzüglich die dem Ort des Unglücks am nächsten gelegene konsularische Vertretung zu benachrichtigen, wenn ein Schiff, ... Schiffbruch erleidet ... oder wenn ein im Entsendestaat registriertes Luftfahrzeug im Hoheitsgebiet des Empfangsstaats verunglückt[54]."

Obwohl diese zusätzlich vereinbarte Informationspflicht hauptsächlich nur den Interessen der Vertragsstaaten dient, ergeben sich gleichzeitig jedoch auch Nebenwirkungen, die der Schiffssicherheit anderer Staaten zugute kommen. Wenn ein Staat über einen Unfall eines seiner Schiffe informiert ist, kann er Maßnahmen treffen, die auch für andere Staaten nützlich sind. So kann der Flaggenstaat z. B. sofortige Anordnungen zur Sprengung eines gefährlich treibenden Wracks oder zu dessen besonderer Markierung und Absicherung durch besondere Luft- und Seeeinheiten (z. B. Schiffe seiner Küstenwache) ergreifen.

In der „International Convention Relating to Intervention on the High Seas in case of Oil Pollution Casualties" (29. 11. 1969) wurden die Mitgliedstaaten verpflichtet, sich gegenseitig über Maßnahmen zu unterrichten, die sie ergreifen, um Seeunfälle (maritime Casualty")[55] zu verhindern, zu mindern oder eine drohende Ölgefahr für ihre Küsten zu beseitigen.

III. Informationspflichten zur Bekämpfung der Umweltverschmutzung auf dem Meer[56]

1. Dimension des Verseuchungsproblems

Die Existenz des menschlichen und tierischen Lebens wird nicht nur durch Naturkatastrophen gefährdet, sondern in zunehmendem Maße durch den Menschen selbst, durch seine Erfindungen und seine Produkte. Durch naturwissenschaftliche Experimente (z. B. Atomversuche), Rücksichtslosigkeit der Industrie (z. B. Industriemüll), durch maßlosen Verbrauch und Überproduktion der Wirtschaft und durch die Bedenkenlosigkeit der Menschen wird das Leben im „Raumschiff Erde" immer mehr in Frage gestellt. Trotz der allgemeinen Erkenntnis, daß die Erd-, Luft- und Wasserverschmutzung immer stärker und allmählich lebensbedrohend wird, bestehen nur wenige wirkungsvolle inner-

---

[54] Art. 37 des Wiener Abkommens über konsularische Beziehungen, *Berber*, Dokumentensammlung, Bd. I, S. 898 ff.

[55] Eine „maritime casualty" wurde in Art. 2 I folgendermaßen definiert: „A collision of ships, stranding or other incident of navigation, or other occurrence on board a ship or external to it resulting in material damage or imminent threat of material damage to a ship or cargo." ILM, Bd. IX, 1970, S. 26.

[56] Da sich diese Arbeit auf das Gebiet des Seerechts beschränkt, wird der Verfasser sich auch nur mit Problemen der Umweltverschmutzung der Meere und Flüsse befassen, und zwar speziell mit den Gebieten, in denen bereits Informationspflichten oder Tendenzen zu ihrer Schaffung bestehen.

staatliche Gesetze gegen die Umweltverseuchung. Daß genügend Gründe bestehen, um auf nationaler und internationaler Ebene tätig zu werden, soll das folgende Beispiel darlegen:

„Zur Zeit schütten wir Tausende von Produkten, deren biologische Wirkungen weitgehend unbekannt sind, direkt ins Meer oder in Flüsse, die schließlich im Meer münden. Dazu gehören Öl, chemische Abfallstoffe, Schwermetalle, Spurenelemente, organische Lösungsmittel, wie sie etwa zur chemischen Reinigung Verwendung finden, radioaktiver Abfall, chemische Kampfstoffe, entzündliche Stoffe, Detergentien, Insektizide und noch zahllose andere Substanzgruppen, deren Gefährlichkeit teilweise noch unbekannt ist. Praktisch gelangt alles ins Meer, was wir in flüssiger Form wegwerfen, ausgenommen jene Verbindungen, die sich rasch genug zersetzen. Auch was wir als Gase in die Luft blasen, landet teilweise zusammen mit dem Regen im Meer. Man kann annehmen, daß zur Zeit eine halbe Million verschiedener Substanzen dem Meer zugeführt werden[57]."

Dieses Beispiel zeigt, in welchem Ausmaß die oberen Schichten des Meeres — das sind jene Gewässer, in denen die meisten Fische leben — bereits verseucht sind und daß alle Staaten davon betroffen sind. Dramatisch werden diese Ergebnisse, wenn man bedenkt, daß mehr als die Hälfte der Bevölkerung von dieser Quelle essentieller Proteine abhängt[58]. Hinzu kommt, daß der Sauerstoff unserer Erde von den absterbenden Pflanzen produziert wird. Der Sauerstoffvorrat unserer Erde wird im wesentlichen von den Diatomeen geliefert (70 % von Diatomeen und 30 % von der Landvegetation). Diese kleinen, im Meer frei herumtreibenden Pflanzen sind zugleich die Hauptnahrungsquelle der meisten Fische.

„Sollten durch unsere Schädlingsbekämpfungsmittel die Diatomeen teilweise ausgerottet werden oder sollten Mutanten entstehen, die bezüglich der Sauerstoffproduktion weniger aktiv sind, so könnten wir an unserem selbstverschuldeten Sauerstoffmangel zugrunde gehen[59]."

---

[57] *Taylor*, Das Selbstmordprogramm, S. 124; „The (US) Federal Council on Environmental Quality estimated that in 1964, more than 300 000 water-using factories in the United States released over 13 trillion gallons of waste, 22 billion pounds of organic wastes and 18 billion pounds of suspended solids into the country's waterways." The First Annual Report of the Council of Environmental Quality, August 1970, S. 32.

[58] Vgl. *Lundholm*, Interactions between Oceans and Terrestrial Ecosystems, in: Global Effects on Environmental Pollution, 1970, S. 195 - 201.

[59] *Taylor*, S. 134; Berkner, früherer Vorsitzender des wissenschaftlichen Beratungsgremiums des amerikanischen Präsidenten sowie des Internationalen wissenschaftlichen Planungskomitees, wies darauf schon 1966 in einem Artikel für das „Population Reference Bureau" „Man versus Technology", hin. Pop. Bull., 1966, S. 22 (4). „If the oil is killing the life along the coral heads, what must it not be doing to the phytoplankton at sea which provide 70 % of the oxygen we breathe? The lesson of our fouled beach is that we may not even have realized how late it is already. Mankind because of his technology, may require far more space per person on this globe than we had ever thought, but it is more than a matter of a certain number of square yards per person. There is instead a delicate balance of nature in which many square miles of ocean and vegetation and clean air are needed

Dies geschieht in einer Zeit, in der der Sauerstoff in unvorstellbar großen Mengen vernichtet wird.

Zu dem Verbrauch von Sauerstoff der 3,5 Milliarden Menschen kommen die vernichtenden Mehrbelastungen der Konsumgesellschaft (z. B. Auto, Motorboot, Flugzeug) und der Industrie (z. B. Verbrennung von Kohle, Erdöl).

Berkner weist zu Recht darauf hin, daß das Problem der Umweltverschmutzung nur ein Beispiel im Zusammenhang mit der Bevölkerungsexplosion ist, die schließlich zu einer totalen Vergiftung unserer Zivilisation führen könnte[60].

Da die Euratom-Mitgliedstaaten z. B. schon 11 000 Tonnen (in 35 800 Behältern mit einer Radioaktivität von ungefähr 8000 Curies) und ein anderes Mal 9000 Tonnen nukleare Reste in einer Tiefe von 5000 Meter im östlichen Atlantik versenkt haben[61], stellt sich die Frage, wieviel Atommüll müssen schon die großen Atommächte in einem Zeitraum von über 20 Jahren in den Atlantischen und Pazifischen Ozean abgelagert haben.

Es ist nicht erstaunlich, wenn Taylor schreibt:

„Schon heute ist es so, daß Radioaktivität in jeder Wasserprobe nachgewiesen werden kann, egal welchem Ort sie entnommen wurde. Goldberg berichtete auf der Versammlung der AAAS im Jahre 1968: Radioaktivität kann man heute sowohl im Meer als auch in den dort lebenden Tieren und Pflanzen nachweisen[62]."

Wenn dieses Krebs- und Leukämie fördernde und genetisch störende[63] radioaktive Gift weiter unkontrolliert die Luft, Erde und die Weltwasserflächen heimsucht, werden nicht nur einige Staaten davon betroffen, sondern die ganze Welt ernstlich bedroht sein. Stellen die

---

to sustain only a (few) relatively few human beings. We may find, as soon as the end of this century, that the final despoliation of our environment has been signaled not by starvation but by people choking to death. The technology — the machine — will then indeed have had its ultimate, mindless, all-unintended triumph over man, by destroying the atmosphere he lives in just as surely as you can pinch off a diver's breathing tube." *Whipple*, Special Report, Life Magazine, 30. 3. 1970.

[60] *Berkner*, Truth and Consequences in a New Era, in: Taylor, S. 137.

[61] Vgl. *Brown*, The Legal Regime of Hydrospace, S. 190; I.A.E.A. Report: „Radioactive Waste into the Atlantic", 1967, 1968, Annex 1, S. 61.

[62] *Taylor*, S. 125.

[63] „Radioactive fall-out does have a genetic and somatic effect on human, animal and plant life, without it being possible to define exactly the nature and extent of this effect. But a recent observation does give some indication. On the island of Rongelap, contaminated by consecutive doses of fall-out in the American tests of 1954, it has been observed that of nineteen children who were under ten years of age in 1954, all but two now suffer from a disease of the thyroid gland." *Fischer*, The Non-Proliferation of Nuclear Weapons, S. 5.

Staaten nicht ihr eigenes willkürliches Verhalten ein, erlassen sie keine Gesetze zur Einschränkung der Verschmutzung oder Durchsetzung von Sicherheitsmaßnahmen, so ist nicht nur die Nutzung der Küstengewässer und des Ufergeländes beeinträchtigt, sondern vor allem auch der Gemeingebrauch der Hohen See durch alle Staaten und die Freiheit des Meeres davon betroffen. Die immer stärker werdende Konzentration schädlicher Abfallstoffe in Binnengewässern, Flüssen, Randmeeren und Ozeanen werden zu einer immer größeren Gefahr für alle Lebewesen.

„Die Folgen können gewaltige Verluste im Hinblick auf die Welternährung und -gesundheit sein. Die Bekämpfung der Meeresverschmutzung und -verseuchung ist daher eine dringende internationale Aufgabe und zugleich eine völkerrechtliche Verpflichtung, die sich aus dem Grundsatz ergibt, daß sich eine einseitige Strapazierung des Nutzungsrechts an der Hohen See durch Einzelstaaten auf Kosten der Seewirtschafts- und anderen Interessen der übrigen Staaten als Rechtsmißbrauch darstellt und somit verboten ist[64]."

2. Maßnahmen gegen Ölverseuchungen

Um einigen Verseuchungsgefahren, die sich schon vor 75 Jahren abzeichneten, zuvorzukommen, erließen einige Staaten schon seit 1888 innerstaatliche Gesetze zur Beschränkung von Schiffsabfällen und Ölablässen in ihren Häfen und Küstengewässern[65]. Diese Gesetze verhinderten jedoch nicht die Zunahme von Küstengewässerverseuchungen und beschränkten in keiner Weise den Ablaß von Verseuchungsmaterial auf Hoher See. Auch die Tatsache, daß das internationale Gewohnheitsrecht einen unvernünftigen (unreasonable) Ablaß von gefährlichen Materialien (noxious materials) in die Hohe See verbietet[66], hat die

---

[64] *Haalck* und *Reintanz*, S. 120.

[65] Eine Stichprobe innerstaatlicher Gesetzgebung auf dem Gebiet der Verseuchung zeigt z. B., daß schon im Jahre 1888, 1899 und 1924 die Vereinigten Staaten von Amerika Gesetze gegen Meeresverseuchungen erließen.

Am 28. 12. 1912 erließ auch der französische Staat ein Dekret gegen die Verschmutzung der Gewässer durch verschiedene Materien, die für Fisch und Pflanzen gefährlich sein können. Danach folgte ein zweites Dekret vom 31. 8. 1926 gegen Öl und andere flüssige Treibstoffe, das im Jahre 1964 durch ein weiteres Gesetz ersetzt wurde.

Im selben Jahr (1926) erließ auch Irland ein Gesetz gegen Ölverseuchung, das inhaltlich dem britischen „Oil in Navigable Water Act" von 1922 entsprach. Auch in Portugal (21. 5. und 29. 9. 1927), Belgien (22. 1. 1929 und 10. 9. 1930) und Spanien (24. 3. 1933) wurden Dekrete erlassen, die zumindestens die Hoheitsgewässer vor Verunreinigungen und Ölverpestung schützen sollten.

[66] „... although prolonged State practice makes it quite clear that wastedisposal in the seas is not absolutely forbidden, the unreasonable discharge of noxious materials into the high seas is prohibited. But international law offers no more precise rules for the determination of what materials are noxious and what would amount to an unreasonable discharge". *Brown*, S. 128.

Staaten nicht gehindert, ihre Verseuchungspraxen einzustellen oder besonders einzuschränken. Hierzu bedurfte es übernationaler Kooperation und Regelungen, die jedoch erst nach dem 2. Weltkrieg zustande kamen.

a) Konvention zur Verhütung der Verschmutzung der See durch Öl (1954)

Die ersten internationalen Regelungen, die vereinbart wurden, betrafen zunächst nur den Bereich der Ölverseuchung[67]. In der ersten internationalen Konvention zur Verhütung der Verschmutzung der See durch Öl (12. 5. 1954)[68] wurden die Vertragsstaaten in Art. VIII verpflichtet, Ölauffanganlagen in ihren Haupthäfen einzurichten und die von der Konvention errichtete Behörde davon schriftlich zu unterrichten, ob sie eingerichtet worden seien. Da diese Angaben von der Behörde publiziert werden, besteht in naher Zukunft ein zusätzlicher Anreiz, zu den Staaten zu zählen, die Ölauffanganlagen und andere moderne Einrichtungen besitzen. Da die Reedereien zukünftig für das Auswaschen ihrer Tanks auf Hoher See zur Verantwortung gezogen werden können, werden sie z. B. den europäischen Hafen anlaufen, der die nötigen Einrichtungen hat, um auf diese Weise Schadensersatzforderungen zu entgehen sowie Konflikte zu vermeiden.

Falls ein fremder Staat einem Flaggenstaat eine Verletzung der Ölkonvention von 1954 meldet, hat der Flaggenstaat des zuwiderhandelnden Schiffes

„dafür zu sorgen, daß die Verfolgung baldmöglichst stattfindet und sowohl die mitteilende Regierung als auch das Büro von dem Ergebnis des Verfahrens zu benachrichtigen“. (Art. X [2])

Aufgrund dieser Angabepflicht über den Verfahrensverlauf ist der Flaggenstaat verpflichtet, sich mit diesem Vorfall zu beschäftigen.

Zu den bestehenden Informationspflichten der Konvention von 1954, die unverändert blieben, kamen mit der Konventionsänderung von 1962[69] zwei neue Informationspflichten hinzu. Die erste fordert die Vertragsregierungen auf, wenn deren Schiffe Öl oder ölhaltiges Gemisch außerhalb der bezeichneten Verbotszonen abgelassen haben, mindestens einmal jährlich hierüber ausführlich Bericht zu erstatten (Art. III [c])[70].

---

[67] „Pollution of the sea by oil is not only the most obvious and widely publicised source of marine pollution. It is also the source which has attracted by far the greatest volume of international legislation." *Brown*, S. 127.

[68] *Berber*, Dokumentensammlung, Bd. I, S. 1412 ff.

[69] Die Konventionsänderung trat am 18. 5. 1967 in Kraft.

[70] Schlußakte der Konferenz von 1962, *Berber*, Dokumentensammlung, Bd. I, S. 1418 ff.

Die zweite vertraglich geregelte Informationspflicht verlangt von jeder Vertragsregierung, der Organisation zwecks Weiterleitung an die betroffene Vertragsregierung über alle Fälle zu berichten, in denen diese (Ölauffang-)Anlagen für unzureichend erachtet werden (Art. VIII Abs. 3).

Auch diese Informationspflichten reichen nicht zur effektiven Bekämpfung der Meeresverseuchung aus. Die ständige Zunahme an Ölverpestung ließ nicht nach, somit mußten die internationalen Bemühungen auf diesem Gebiet fortgesetzt werden.

Etwa ab 1954[71] leiteten die UN und deren Sonderorganisationen, speziell die IMCO, die internationalen Aktionen auf dem Gebiet der Ölverseuchungen. Die Generalversammlung der UN billigte viele Vorschläge zur Verbesserung der nationalen und regionalen Kooperation bei der Handhabung großer Mengen von Ölablässen und zur Einführung eines wirksamen Systems der Berichterstattung. Weiterhin förderte die IMCO Untersuchungen und den Austausch von Informationen, um festzustellen, wie auf schnellstem, sicherstem und effektivstem Wege die bestehenden Bestimmungen der Ölkonventionen von 1954 und 1962 verwirklicht werden können[72].

Die Konventionsänderung von 1962 sowie die Bemühungen der UN trugen zur Erweiterung und Intensivierung der regionalen Aktivitäten bei.

b) Abkommen über die Ölverseuchung

Der positive Einfluß der UN-Bemühungen (IMCO) zeigte sich u. a. an der regionalen Konvention von 1969 über Ölverseuchung, die unter den nordeuropäischen Industriestaaten zustande kam. Sie einigten sich hinsichtlich der Ölverpestung speziell in der Nordsee. Es gelang den Industriestaaten zum ersten Mal, eine spezielle Informationspflicht bei Ölunfällen aufzustellen. Das Übereinkommen zur Zusammenarbeit bei der Bekämpfung von Ölverschmutzungen der Nordsee[73] verpflichtet die Staaten ausdrücklich zu folgenden Handlungen:

Art. 5 (1):

Erfährt eine Vertragspartei, daß sich in der Nordsee ein Unfall ereignet hat oder Ölflächen vorhanden sind, so daß mit einer ernsten Gefahr für die

---

[71] Bevor die UN tätig wurden, lenkte England die internationale Aufmerksamkeit auf das Problem der Ölverseuchung. Am 19. 7. 1934 forderte es in einem Brief den Völkerbund auf, etwas gegen die Zerstörung von Fischgebieten und Seevögeln durch das Ablassen von Öl zu unternehmen. Auf der von England „ad hoc" einberufenen Konferenz von London im Jahre 1954 entstand die Konvention zur Verhütung der Verschmutzung der See durch Öl. Vgl. *Colombos*, S. 343 - 345.

[72] United Nations Yearbook, 1962, S. 1027; vgl. auch die Untersuchung über Ölverseuchung, herausgegeben von der IMCO im Jahre 1964.

[73] In Verträge der Bundesrepublik Deutschland, Bd. 35, 1971, S. 471 - 472.

Küste oder damit zusammenhängende Interessen einer anderen Vertragspartei zu rechnen ist, so unterrichtet sie diese Vertragspartei unverzüglich durch ihre zuständige Behörde.

(2) Die Vertragsparteien ersuchen die Kapitäne aller unter ihrer Flagge fahrenden Schiffe sowie die Führer der in ihren Staaten eingetragenen Luftfahrzeuge, auf dem je nach den Umständen geeignetesten Weg unverzüglich folgendes zu melden:

a) alle Unfälle, die eine Verschmutzung der See durch Öl verursachen oder voraussichtlich verursachen werden,

b) das Vorhandensein, die Art und den Umfang von auf der See befindlichen Ölflächen, welche voraussichtlich die Küste oder damit zusammenhängende Interessen einzelner oder mehrerer Vertragsparteien gefährden.

Art. 6:

(3) Die in Betracht kommende Vertragspartei unterrichtet sofort alle anderen Vertragsparteien durch deren zuständige Behörden über ihre Feststellung und über die Maßnahmen, die sie zur Bekämpfung des treibenden Öls getroffen hat, und beobachtet ständig das Öl, solange es in ihrer Zone treibt.

(4) Die Verpflichtungen der Vertragsparteien nach diesem Artikel hinsichtlich der Zonen gemeinsamer Verantwortung werden durch besondere technische Vereinbarungen zwischen den beteiligten Vertragsparteien geregelt. Die anderen Vertragsparteien werden von diesen Vereinbarungen unterrichtet.

Art. 8:

Hat eine Vertragspartei Maßnahmen nach Art. 7 ergriffen, so leitet sie den anderen Vertragsparteien und der zwischenstaatlichen beratenden Seeschiffahrtsorganisation einen Bericht hierüber zu.

Diese regionalen Verpflichtungen sind die detailliertesten (Art. 5 II b) und weitgehendsten (Art. 5 II a) Meldepflichten, die es zur Zeit auf dem Gebiet der Verseuchung gibt. Ihr vorbildhafter Charakter für weitere Vereinbarungen zur Bekämpfung von Verseuchungen steht fest[74]. Die Staaten sahen ein, daß nur detaillierte, weitgehende und sofortige Informationspflichten vorhandenen Ölverseuchungen Einhalt gebieten können. Es besteht kein Zweifel, daß diese Informationspflicht eine zusätzliche Hilfsmaßnahme zur Bekämpfung von Ölgefahren auf den Meeren ist.

Auch für Seefahrerstaaten, die Öl transportieren, jedoch nicht Vertragsmitglieder der Nordseeölkonvention sind, besteht aufgrund ihres Beitritts zum „Internationalen Übereinkommen zum Schutze des menschlichen Lebens auf See" zumindestens die Verpflichtung, Ölunfälle bekanntzugeben, da diese zu den „anderen unmittelbaren Gefahren" für die Schiffahrt (Regel 2 a des 5. Kapitels) gehören.

---

[74] „This Agreement is the first of its kind (a model for other regional arrangements) and for this reason, the IMCO Assembly invited Germany to bring it to the attention of Governments through IMCO so that, whenever suitable, similar co-operation might be established in other sea areas." *Brown*, S. 162, vgl. auch IMCO Text in Doc. OPC / 2 / Circ. 9, März 17, 1969.

c) Die Ölkonventionen von 1969

Im selben Jahr (1969), in dem das regionale Abkommen über die Ölverseuchung in der Nordsee in Kraft trat, stimmten die nordeuropäischen Staaten zwei weiteren überregionalen Abkommen zu. Auch in diesen Konventionen, die „International Convention Relating to Intervention on the High Seas in case of Oil Pollution Casualties"[75] und die „International Convention on Civil Liability for Oil Pollution Damage"[76], einigten sich die Staaten über weitere Informationspflichten.

In der ersten Konvention verpflichteten sich die von Öl betroffenen Küstenstaaten, die Maßnahmen, die sie zur Bekämpfung des Öls treffen wollen, dem Heimatstaat des verunglückten Schiffes als auch dessen Kapitän mitzuteilen (Art. III [b] [f]).

In der zweiten Konvention von 1969, die sich mit Schadensersatzforderungen wegen Ölverseuchungen beschäftigt, entstand eine neue Informationspflicht, und zwar eine Benachrichtigungspflicht eines Staates, wenn er Klage auf Schadensersatz wegen Ölverseuchung erheben will. Gem. Art. X (b) ist diese staatliche Benachrichtigung Voraussetzung zur Erlangung eines Urteils auf Schadensersatz. Es ist anzunehmen, daß in den zukünftigen Konventionen über die Regelung von Schadensersatzfragen auch auf anderen Gebieten eine derartige Informationspflicht von den Staaten gefordert wird.

Weiterhin werden vom Schiffseigentümer, ganz gleich ob er Privatmann ist oder ob es sich um ein staatliches Schiff handelt[77], gem. Art. VII verschiedene genaue Angaben über das Schiff verlangt, die er an die IMCO zu liefern hat. Offensichtlich waren die Verfasser der Konvention bedacht, keinen Unterschied zwischen privatem und Staatseigentum zu machen, soweit es um die Abgabe von Informationen geht.

3. Maßnahmen zur Kontrollierung möglicher radioaktiver Gefahren

Daß die Staaten in der Weiterentwicklung immer neuer Informationspflichten ein wichtiges Mittel sehen, um Gefahren und deren Ausmaß so weit wie möglich bekanntzugeben, damit sie vorzeitig Sicherheits- und Schutzmaßnahmen ergreifen können, zeigt sich auch an den bilateralen Verträgen und einem multilateralen Vertrag zur Regelung des zivilen Reaktorschiffsverkehrs und zur Abwehr radioaktiver Gefahren.

---

[75] ILM, Bd. IX, 1970, S. 25.

[76] ILM, Bd. IX, 1970, S. 27.

[77] Nach Art. XI der „Convention on Civil Liability for Oil Pollution Damage" hat in solchen Fällen selbst der Staat keinen Anspruch auf Immunität. ILM, Bd. IX, 1970, S. 25 ff.

a) Verträge zur Regelung des zivilen Reaktorschiffsverkehrs

In den Verträgen zur Regelung des Schiffsverkehrs der NS Savannah und der NS Otto Hahn wurden mehrere ausdrückliche Informationspflichten festgelegt. Die Schiffe dürfen die Hoheitsgewässer nur anlaufen oder benutzen, wenn eine Zustimmung der Regierung vorliegt[78]. Um die Zustimmung der jeweilig betroffenen Regierung zu erhalten, verpflichteten sich die USA und die BRD, einen Sicherheitsbericht vorzulegen[79]. Die betroffenen Staaten sind daraufhin verpflichtet, die Regierungen der USA und der BRD so bald wie möglich zu unterrichten, ob sie der Benutzung zustimmen[80]. Falls der Kapitän der NS Otto Hahn den Anweisungen des betroffenen Staates nicht Folge leisten kann, hat er die zuständigen Stellen des anweisenden Staates „unverzüglich zu unterrichten"[81]. Diese Pflicht besteht jedoch nicht für die NS Savannah.

Im Vertrag zwischen der deutschen und portugiesischen Regierung wurde noch eine weitere Pflicht verlangt. Nach Art. 9 (2) muß die zuständige portugiesische Behörde über jede Wartung, Reparatur oder Dienstleistung an der Kernenergieanlage, die in portugiesischen Gewässern vorgenommen werden, unterrichtet werden[82]. Die vielen Informationsverpflichtungen in diesen bilateralen Verträgen beweisen die bedeutende Rolle der Informationspflicht als Hilfs- und Sicherheitsmaßnahme.

Die Verpflichtung, die Zustimmung der Regierung zum Anlaufen eines Hafens einzuholen, gab es auch schon in dem Übereinkommen zum Schutze des menschlichen Lebens auf See von 1960. Regel 7 (a) des VIII. Kapitels über Reaktorschiffe verlangt einen Sicherheitsbericht, „um zu gewährleisten, daß weder auf See, noch in einem Hafen eine unzulässige Strahlung oder sonstige nukleare Gefährdung für Besatzung, Fahrgäste oder Öffentlichkeit oder für Wasserstraßen, Nahrungsmittel oder Wasserversorgung entsteht". Dieser Sicherheitsbericht „zur Beurteilung der Kernenergieanlage und der Sicherheit des Schiffes bedarf der Prüfung und Genehmigung durch die Verwaltung; er ist stets auf dem neuesten Stand zu halten". Nach Absatz b ist dieser Sicherheitsbericht „den Vertragsregierungen derjenigen Staaten, die das Reaktorschiff anzulaufen beabsichtigt, rechtzeitig zur Verfügung zu stellen, damit sie die Sicherheit des Schiffes beurteilen können".

---

[78] Vgl. Art. 2 (2) BRD-Portugal; Art. 2 (2) BRD-Argentinien.

[79] Vgl. Art. 1 (b) USA—BRD; Art. 2 USA—GB; Art. 5 (1) BRD—Portugal; Art. 2 (3) BRD—Argentinien.

[80] Vgl. Art. 1 (b) USA—BRD; Art. 2 USA—GB; Art. 5 (2) BRD—Portugal; Art. 3 (1) BRD—Argentinien.

[81] Vgl. Art. 11 (2) BRD—Portugal; Art. 4 (2) BRD—Argentinien; Art. 10 (2) BRD—Liberien.

[82] Vgl. auch Art. 8 (3) BRD—Liberien; Art. 8 (2) BRD u. Niederlande.

Für das Anlaufen und die Benutzung von Häfen bestehen seit 1968 für zivile Kernreaktorschiffe zusätzliche Verfahrensregeln, die von der IAEA aufgestellt wurden[83]. Sie sind jedoch nur Vorschläge, die die Staaten nicht binden.

Es hat sich gezeigt, daß die Staaten von den wenigen internationalen Bemühungen zur Verhinderung von Verseuchungen durch Kernreaktorschiffe Kriegsschiffe ausgenommen haben[84], obwohl gerade diese Schiffe immer häufiger Kernenergie verwenden[85]. Auch diesen Schiffen müssen Informationspflichten auferlegt werden, falls die Staaten ernsthaft versuchen, sich gegen radioaktive Gefahren schützen zu wollen.

Auf anderen Gebieten radioaktiver Verseuchungen waren zumindestens die westeuropäischen Staaten bereit, mehr Konzessionen zu machen und miteinander zusammenzuarbeiten. Ihre Bemühungen versprechen mehr Erfolg als diejenigen zur Regelung der zivilen Reaktorschiffe.

Als im November 1956 vom „United Nations Scientific Committee on the Effects of Atomic Radiation" die Meeresverseuchung durch radioaktiven Abfall auf weltweiter Ebene in Angriff genommen wurde, wurden zur selben Zeit auf regionaler Ebene zwischenstaatliche Bemühungen aufgenommen, die ein Jahr später in einem Vertrag mit ausdrücklichen Informationspflichten endeten.

b) Informationspflichten der Europäischen Atomgemeinschaft

Im Gründungsvertrag der Europäischen Atomgemeinschaft (Euratom) vom 25. 3. 1957 legte man gesundheitsschützende Bestimmungen zur Verhinderung von Luft-, Land- und Wasserverseuchungen durch radioaktives Material nieder. Die Mitgliedstaaten wurden nach Art. 35 des Gründungsvertrages[86] verpflichtet, notwendige Einrichtungen zur ständigen Überwachung des Gehalts der Luft, des Wassers und des Bodens an Radioaktivität zu schaffen. Die Auskünfte über die in Art. 35 genannten Überwachungsmaßnahmen sind gem. Art. 36 der Kommission von den zuständigen Behörden regelmäßig zu übermitteln, damit die Kommission ständig über den Gehalt an Radioaktivität unterrichtet ist, dem die Bevölkerung ausgesetzt ist. Gem. Art. 37 verpflichteten sich die Mitgliedstaaten, der Euratombehörde „über jeden Plan zur Ablei-

---

[83] Safety Considerations in the Use of Ports and Approaches by Nuclear Merchant Ships, IAEA 1968 STJ/Pub. 206, S. 13.

[84] Vgl. Convention on the Liability of Operators of Nuclear Ships, Brüssel, 25. 5. 1962, IAEA Legal Series 4, S. 36; Internationales Übereinkommen zum Schutz des menschlichen Lebens auf See, Kapitel VIII, Regel 1.

[85] Gegenwärtig befinden sich über 100 Kriegsschiffe mit Kernreaktoren auf Hoher See.

[86] BGBl. 1957 II, S. 1014; 295 UNTS 263.

tung radioaktiver Stoffe aller Art die allgemeinen Angaben zu übermitteln, aufgrund deren festgestellt werden kann, ob die Durchführung
dieses Plans eine radioaktive Verseuchung des Wassers, des Bodens
oder des Luftraumes eines anderen Mitgliedstaates verursachen kann".

Bedauernswerterweise sind diese Informationspflichten regional beschränkt und können höchstens als partikuläres Völkerrecht der europäischen Mitgliedstaaten gelten, da solche Pflichten weder im bestehenden Völkerrecht, noch in der Satzung der weltweiten „International
Atomic Energy Agency" (IAEA)[87] vom 26. 10. 1956 existieren. Die IAEA,
die u. a. als ein „clearing house for scientific and technical information"
dienen soll, kann nur schwer solche Informationspflichten ohne die
aktive Unterstützung und Kooperation der verschiedenen Staaten in
ihre Satzung aufnehmen.

Ständige Bemühungen sind im Gange, um die Staaten aufzuklären
und ihre Bereitschaft zum Informationsaustausch und zur Mitarbeit zu
gewinnen. Art. VIII der IAEA-Satzung empfiehlt ausdrücklich jedem
Mitglied, Informationen auszutauschen[88], jedoch kann die IAEA keinen
Druck auf die Staaten ausüben, diesen Empfehlungen nachzukommen,
nicht nur, weil die vertragliche Basis, sondern weil auch, wie bei fast
allen UN-Organisationen, der Rechtsdurchsetzungszwang fehlt. Es ist
nicht zu bestreiten, daß es im Interesse aller IAEA-Mitglieder läge, die
vorbildlichen Art. 34, 35, 36 und 37 der Euratom-Satzung in ihre weltweite Satzung aufzunehmen, um die Gesundheit der Menschen zu
schützen und schwere Schäden von ihnen abzuwenden.

c) Informationspflichten bei Ablaß radioaktiven Materials ins Meer

Ein weiterer internationaler Schritt zur Eindämmung radioaktiver
Abfälle auf allen Teilen der Meere erfolgte mit der Genfer Konvention
über die Hohe See vom 29. 4. 1958. Bis zu diesem Zeitpunkt gab es we-
der auf internationaler, noch auf nationaler Ebene wichtige gesetzliche
Regelungen[89], mit Ausnahme der Euratombestimmungen. Art. 25 der
Konvention über die Hohe See verlangte zum ersten Mal, daß „jeder
Staat Maßnahmen zu treffen hat, um die Verseuchung des Meeres

---

[87] *Berber*, Dokumentensammlung, Bd. I, S. 238 ff.
[88] *Art. VIII* (c): „Die Organisation sammelt die ihr gemäß Absatz a und b
überlassene Information und macht sie ihren Mitgliedern in geeigneter Form
zugänglich. Sie ergreift von sich aus Maßnahmen, um den Austausch von
Information ... unter ihren Mitgliedern zu fördern, und dient ihnen zu
diesem Zweck als vermittelnde Stelle."
Die IAEA-Behörde kann dagegen nicht wie die Kommission der Euratom
(Art. 38) in dringenden Fällen Empfehlungen und Richtlinien erlassen.
[89] Vgl. UN-Untersuchung der nationalen Gesetzgebung in Dokument
A/Conf. 13/24, Genfer Konferenz 1958.

durch die Versenkung radioaktiver Abfälle zu verhüten, wobei alle von den zuständigen internationalen Organisationen ausgearbeiteten Normen und Vorschriften zu berücksichtigen sind". Weiterhin haben gem. Art. 25 II alle Staaten mit den zuständigen internationalen Organisationen zusammenzuarbeiten, um Maßnahmen zur Verhütung der Verseuchung des Meeres und des darüber befindlichen Luftraumes zu treffen, die aus jeder Verwendung radioaktiven Materials oder anderer schädigender Wirkstoffe herrühren.

Weiterhin wurde auf der Konferenz eine Resolution beschlossen, in der die IAEA aufgefordert wurde, die radioaktive Meeresverseuchung zu untersuchen und den Staaten zu helfen, dieses Problem unter Kontrolle zu halten. Schon Ende 1958 stellte die IAEA eine Gruppe von Experten auf, die sich u. a. mit dem Problem der Beseitigung radioaktiven Abfalls beschäftigte. Ihre Resultate wurden auf der IAEA-Versammlung im Januar 1961 in den IAEA-Bestimmungen über die Ablagerung von Abfall niedergelegt[90]. Leider sind die Bestimmungen für die Staaten nicht bindend[91]. Nur dann, wenn die IAEA Lieferant nuklearen Materials ist, muß der annehmende Staat die Bestimmungen über das Versenken radioaktiven Materials im Meere einhalten. Nach Regel 8 dieser Satzung besteht für die Mitgliedstaaten die Pflicht, Abfallgebiete im Meer bekanntzugeben, wenn sie von der IAEA-Behörde nukleares Material erhalten haben, damit solche Informationen registriert werden können. Laut Regel 9 ist die IAEA die zuständige Behörde für solche Registrierung. Zusätzlich fordert Regel 9 (a), daß diese Information vor der Errichtung solcher Abfallgebiete mitgeteilt werden soll, um andere interessierte Parteien (Staaten) davon zu unterrichten und um ihre Stellungnahme dazu einzuholen. Weiterhin ist ein jährlicher Bericht über den Zustand solcher Gebiete und die Art der Ablagerung des vergangenen Jahres erforderlich (Regel 9 [b]). Eine detaillierte Aufzählung ist jedoch nicht notwendig.

Erst im Jahre 1973, in der „Convention on the Dumping of Wastes at Sea"[92], haben sich die Staaten, die selber radioaktives Material besitzen und nicht von der IAEA erhalten, verpflichtet, über den Ablaß von radioaktivem Material eine Meldung zu machen. (Art. V Abs. 1, Art. VI Abs. 4) Diese Mitteilung muß den genauen Ort, den Zeitpunkt, die Art des abgelassenen Materials sowie die Methode des Ablasses enthalten (Art. VI Abs. 1 [c]).

---

[90] „Radioactive Waste Disposal into the Sea", IAEA Publication Safety Series No. 5, 1960, S. 77, 78.

[91] Eine völkerrechtliche Pflicht ist auch deshalb nicht zustande gekommen, weil in der Naturwissenschaft Uneinigkeit besteht, auf welche Weise der radioaktive Abfall am besten beseitigt werden kann.

[92] ILM, Bd. XI, 1972, S. 1291.

d) Ankündigungspflicht bei Atomexperimenten

Soweit die Meeresverseuchung durch nukleare Experimente verursacht wird, besteht jedoch keine vertragliche Pflicht für die Atommächte, sie bekanntzugeben. Von den experimentierenden Staaten haben nur die Vereinigten Staaten von Amerika und die UdSSR sich im Moskauer Atomtestabkommen von 1963[93] verpflichtet, die Teste nur unter der Erde abzuhalten. Die unterirdischen Versuche sind jedoch verboten, „wenn eine solche Explosion das Vorhandensein radioaktiven Schuttes außerhalb der Hoheitsgrenzen des Staates verursacht, unter dessen Hoheitsgewalt oder Kontrolle die Explosion durchgeführt wird"[94].

Die Amerikaner haben mindestens 16 Mal, die Russen mindestens 3 Mal dieses Verbot verletzt[95]. Beide Staaten haben die offensichtlichen Vertragsverletzungen stillschweigend akzeptiert[96], obwohl sie in der Präambel des Atomsperrvertrags ausdrücklich ihren Wunsch, „der Verseuchung der Umwelt des Menschen durch radioaktive Stoffe ein Ende zu bereiten", schriftlich festlegten. Es ist sicherlich den beiden Atommächten bekannt, was Fischer in seinem Buch hervorhob:

„... all underground tests set free radioactive waste in the atmosphere and that the contaminated air must in the course of its natural movement, pass the territorial limits of the State which has carried out the tests"[97].

Auch bei diesen Testen, soweit sie unterirdisch auf Meeresinseln ausgeführt werden, ist eine Verseuchung der Meere nicht auszuschließen.

Seit 1943 haben die USA, die Sowjetunion und Frankreich rücksichtslos radioaktive Verseuchungen der Atmosphäre, des Landes und des Meeres durch ihre Experimente verursacht. Obwohl alle drei Staaten seit 1956 Mitglieder der IAEA sind, war es für sie nicht einmal möglich, sich vertraglich über Warnungsmaßnahmen im Falle radioaktiver Gefahren zu einigen.

Amerika und Frankreich kündigten jedoch offiziell, ohne dazu vertraglich verpflichtet zu sein, geplante Atomversuche im Pazifik an. Offensichtlich sahen sie es als ihre Pflicht an, eine vorherige Bekanntgabe über ihre Absichten zu offenbaren, um Schäden an Menschen und Eigentum soweit wie möglich zu vermeiden, und um noch mehr Konflikte mit anderen Staaten und mit den Grundsätzen des Völkerrechts zu verhindern[98].

---

[93] Vertrag über das Verbot von Kernwaffenversuchen in der Atmosphäre, im Weltraum und unter Wasser, 5. 8. 1963, BGBl. 1964 II, S. 906; 480 UNTS 43.
[94] *Berber*, Dokumentensammlung, Bd. II, S. 1886.
[95] *Fischer*, S. 5.
[96] *Fischer*, S. 5.
[97] *Fischer*, S. 8.

Auch eine Bekanntgabe von Atom- und Wasserstoffbombenversuchen innerhalb des eigenen Staatsterritoriums, wie sie oft in der Sowjetunion und China, zum Teil auch in Amerika durchgeführt wurden, würde den Nachbarstaaten mehr Möglichkeiten geben, die Gesundheit ihrer Bürger zu schützen. Bis zum heutigen Tage gibt es jedoch keine verbindliche Informationspflicht, die die Atommächte auffordert, ihre Versuche im Inneren des Landes bekanntzugeben. Obwohl die USA und die UdSSR es in dem Moskauer Atomtestabkommen von 1963 erreichten, sich nur auf unterirdische Atomteste zu beschränken, konnten sie sich nicht auf eine vorzeitige Ankündigungspflicht einigen[98].

Nur den lateinamerikanischen Staaten als Nichtatommächte gelang es bis heute, sich auf regionaler Ebene vertraglich über eine vorzeitige Ankündigung bei Atomexperimenten zu einigen.

Art. 18 II des Vertrages zur Verhinderung von nuklearen Waffen in Lateinamerika fordert:

---

[98] Das asiatisch-afrikanische „Legal Consultive Committee" stellte im März 1964 folgendes fest: „When conducted outside a State's territory, nuclear testing should be regarded as a delict with absolute liability; when conducted over the high seas, the testing should be regarded as an infringement of freedom of the high seas; and when conducted on a State's territory the result in law should be an abuse of national rights." AJIL, Bd. 59, 1965, S. 721, 722. *G. Dahm* schreibt zu recht: „Ein Staat, der andere Nationen an dem Gemeingebrauch des Meeres zu hindern versucht oder das Meer im Übermaß nutzt und dadurch den Gebrauch durch andere schmälert, handelt völkerrechtswidrig. Nur im Rahmen des normalen Gemeingebrauchs darf ein Staat Teile der offenen See vorübergehend unter Ausschließung anderer für sich benutzen. Die Sperrung weiter Teile hingegen für die Schiffahrt und Fischerei, aber auch die maßlose Ausbeutung des Meeres, namentlich die Vernichtung wertvoller Fischereien in ihrer Substanz, die Verschmutzung der See oder die Störung des Schiffsverkehrs durch die Errichtung von Anlagen, das alles stellt u. U. einen völkerrechtswidrigen Rechtsmißbrauch dar. Unter diesem Gesichtspunkt bestehen namentlich auch Bedenken dagegen, daß einzelne Staaten weite Teile der See durch Atom- und Wasserbombenversuche dem Gemeingebrauch der Nationen entziehen. Bei den amerikanischen Versuchen im Gebiet der Bikiniatolls im Jahre 1954 wurde z. B. ein Gebiet im pazifischen Ozean von etwa 400 000 qm zur Gefahrenzone erklärt und für die Schiffahrt gesperrt ... Zu den allgemeinen Bedenken, die sich gegen die Infizierung der Luft mit gesundheitsgefährdenden Stoffen ergeben, treten hier weitere Gesichtspunkte hinzu: Die Inanspruchnahme weiter Meeresgebiete weit über das Maß des Normalen hinaus und die unmittelbare Gefährdung der benachbarten Staaten. Solche Versuche sind völkerrechtswidrig." Bd. I, S. 666, 667; „Derartige Tests sind nicht nur unter dem Gesichtspunkt einer nuklearen Verseuchung der See unstatthaft, sie beeinträchtigen auch die allseitige Nutzung weiter Seegebiete ...". *Haalck* und *Reintanz*, S. 118.

[99] Ziel der vertragschließenden Staaten ist es, „die Einstellung aller Versuchsexplosionen von Kernwaffen für alle Zeiten herbeizuführen, entschlossen, die auf dieses Ziel gerichteten Verhandlungen fortzusetzen und in dem Wunsch, der Verseuchung der Umwelt des Menschen durch radioaktive Stoffe ein Ende zu bereiten". Präambel des Vertrages.

Bis zum 31. 12. 1972 haben 103 Staaten den Vertrag ratifiziert und 141 Staaten unterschrieben, Fundstellennachweis B, S. 284, 285.

Contracting Parties intending to carry out, or to co-operate in carrying out, such an explosion shall notify the Agency and the International Atomic Energy Agency as far in advance as the circumstances require, of the date of the explosion and shall at the same time provide the rollowing information:

a) the nature of the nuclear device and the source from which it was obtained;

b) the place and purpose of the planned explosion,

c) the procedures which will be followed in order to comply with paragraph 3 of this Article,

d) the expected force of the device, and

e) the fullest possible information on any possible radioactive fall-out that may result from the explosion or explosions, and measures which will be taken to avoid danger to the population, flora, fauna and territories of any other Party or Parties.

Art. 18 III:

The General Secretary and the technical personnel designated by the Council and the International Atomic Energy Agency may observe all the preparations, including the explosion of the device[100].

In Art. 18 ist eine vorbildlich detaillierte Informationspflicht enthalten, die sich als Zusatz zum Atomtestabkommen von Moskau anbietet und nicht zuletzt auch dem Seeverkehr dienen würde, indem sie vorzeitig vor radioaktiven Gefahren warnt.

Solange die Staaten sich nicht einigen können, gefährliche Experimente aller Art, besonders mit nuklearem Material, zu unterlassen, besteht die Notwendigkeit für eine überregionale Ankündigungspflicht, die alle Arten gefährlicher Experimente umfaßt.

Angesichts der jüngsten, weitreichendsten internationalen Konvention, die „Convention on the Dumping of Wastes at Sea", zur Bekämpfung und Verhinderung aller Arten von gefährlichen Verseuchungssubstanzen und Abfällen in den Weltmeeren, ist doch eine Bereitschaft fast aller Staaten der Welt[101] zu erkennen, gegen Verseuchungsgefahren auf den Meeren anzukämpfen.

Art. IV dieser Konvention verbietet sogar jeglichen Ablaß von fast allen gefährlichen Materialien wie z.B. Öl und radioaktiver Abfall. In den Fällen, in denen Schiffe sich jedoch aufgrund von Naturkatastrophen oder sonstiger Gefahren gezwungen sehen, verbotene Materialien[102] in das Meer abzulassen, müssen sie gem. Art. V Abs. 1 einen

---

[100] Treaty for the Prohibition of Nuclear Weapons in Latin America, 14. 2. 1967, 634 UNTS 342; ILM, Bd. VI, S. 347.

[101] An der Intergovernmental Conference on the Convention on the Dumping of Wastes at Sea, die diese bedeutende Konvention abschloß, nahmen 80 Staaten teil; 12 weitere Staaten sowie 8 internationale Organisationen entsandten Beobachter.

[102] Sie sind in Annex 1 der Konvention aufgeführt.

Bericht darüber an die IMCO liefern. Auch über jeden vereinbarten oder zugelassenen Ablaß ins Meer müssen die Staaten des Abkommens gem. Art. VI Abs. 4 einen Bericht an die IMCO, in gegebenen Fällen an andere Staaten abgeben.

Die grundsätzliche Bereitschaft der Staaten, eingeschlossen die Atommächte, läßt hoffen, daß es nicht mehr allzu lange dauern wird, bis die Staaten sich über die Bekanntgabe, möglicherweise auch über ein Verbot äußerst gefährlicher Experimente jeder Art, einigen werden.

Ihre Bereitschaft, Gefahren, wie z. B. Meeresversuchungen, einzuschränken sowie sich auf Informationspflichten, die dazu beitragen, zu einigen, zeigt sich nicht nur an den bestehenden Ölkonventionen, sondern auch an dem Moskauer Atomtestabkommen, dem Vertrag zur Verhinderung von nuklearen Waffen in Lateinamerika, der IAEA-Bestimmungen über die Versenkung radioaktiven Materials im Meer[103], als auch seit neuestem an der „Convention on the Dumping of Wastes at Sea".

---

[103] Nach Regel 9 (c) wird verlangt, daß die IAEA auch „monitoring"-Programme über die Warnungsmaßnahmen erhält, die gegen radioaktive Gefahren oder andere möglichen Ereignisse sowie alle relevanten wissenschaftlichen Feststellungen unternommen wurden.

E. Rechtsfolgen bei Nichterfüllung einer Informationspflicht

I. Das Informationsdelikt

1. Tun oder Unterlassen einer Informationspflicht

Bei der Verletzung einer Informationspflicht muß zwischen der Nichteinhaltung der Abgabepflicht und dem daraus resultierenden Schaden unterschieden werden. Das völkerrechtswidrige Verhalten kann in einem Tun oder Unterlassen bestehen. Die in dieser Untersuchung aufgeführten Informationspflichten bestehen aufgrund eines allgemeinen Rechtsgrundsatzes, Gewohnheitsrechts oder Vertrages. Gleichgültig, welcher Rechtsquelle diese Völkerrechtsnorm entstammt[1], der Verstoß[2] gegen eine Rechtspflicht, Informationen zu liefern, ist dann ein völkerrechtliches Delikt, wenn das schädigende Tun oder Unterlassen eine Völkerrechtswidrigkeit darstellt[3]. Dabei handelt es sich stets um die Verletzung einer Völkerrechtsnorm und nicht um eine Regel der Courtoisie.

Bewußte irreführende Informationsabgaben ließen sich anhand der gegenwärtigen Völkerrechtsliteratur in der internationalen Verkehrspraxis nicht nachweisen. Dagegen ist die Unterlassung von Informationspflichten in Kriegs- als auch in Friedenszeiten an vielen Beispielen nachweisbar. Ein Unterlassen ist jedoch nur dann eine Völkerrechtsverletzung, wenn eine (Völker-)Rechtspflicht zum Handeln besteht. Die Völkerrechtspflicht zum Handeln kann sich aus irgendeiner Norm des Völkerrechts (Vertrag, Gewohnheitsrecht, allgemeine Rechtsgrundsätze) ergeben. Das völkerrechtswidrige Unterlassen von Informationsübermittlungen geschieht zwar weniger im Bereich der Schiffssicherheitsmaßnahmen, dafür häufiger im Umweltschutzbereich.

---

[1] „Es kann sich um einen Verstoß gegen jede Art von Völkerrecht handeln: um Völkergewohnheitsrecht, sei es allgemein oder partikulär, um in zweiseitigen Abmachungen oder in mehrseitigen Vereinbarungen stipuliertes Vertragsrecht, schließlich das Recht, das in allgemein anerkannten Rechtsgrundsätzen seinen Ausdruck gefunden hat. Doch muß der Rechtssatz, dessen Verletzung in Frage steht, im Zeitpunkt des schädigenden Verhaltens effektiv gelten. *Schüle*, Völkerrechtliches Delikt, WVR[2], Bd. I, S. 329.

[2] Der Verstoß gegen Völkerrecht ist eine „unbedingte Voraussetzung; ohne ihn liegt weder ein Delikt vor noch entsteht der Anspruch auf Schadensausgleich". *Schüle*, S. 329.

[3] Vgl. *Dahm*, Bd. III, S. 209; *Münch*, Völkerrecht in programmierter Form, S. 189; *Tunkin*, S. 421.

Bei völkerrechtlichen Delikten muß sich die Untersuchung und Ermittlung der Informationsverletzungen an folgenden Punkten orientieren:

a) in welchem Bereich des Völkerrechts fand die Verletzung statt (z. B. Kriegsrecht, Seerecht, Umweltschutz)

b) welche Informationspflicht wurde verletzt (z. B. eine vertragliche oder gewohnheitsrechtliche)

c) von wem wurde die Pflicht verletzt (z. B. von einem Staat oder einer Internationalen Organisation)

d) in welchem Umfang wurde sie verletzt

e) ist die Völkerrechtswidrigkeit durch völkerrechtliche Rechtfertigungsgründe ausgeschlossen (z. B. Notwehr oder Notstand).

Erst nach dieser Untersuchung können Entscheidungen über das weitere Vorgehen getroffen werden.

2. Schadenszufügung

a) Materieller und immaterieller Schaden

Beim Nichtnachkommen von Informationspflichten können materielle (Vermögens-)Schäden oder immaterielle (Nichtvermögensschäden) entstehen. Ein Verstoß gegen die Identifizierungspflicht bei der Durchfahrt von Hoheitsgewässern[4] führt z. B. zu einem immateriellen Schaden. Der IGH hat in seiner Entscheidung zum Korfu-Kanal-Fall eine Völkerrechtsverletzung festgestellt, durch die kein materieller Schaden entstanden sei und hierzu bemerkt, daß schon diese Feststellung eine angemessene Unrechtsfolge darstelle[5].

Informationsverletzungen, die lediglich zu immateriellen Schäden führen, sind jedoch selten. Häufiger liegen Verletzungen vor, die zu einem konkreten materiellen Schaden geführt haben, wie z. B. die fehlende Kriegserklärung oder seit neuestem die fehlende oder verzögerte Bekanntgabe von gesundheitsgefährdenden Verseuchungsgefahren.

Der Schaden kann durch den Staat selber, einen seiner Staatsangehörigen oder durch Juristische Personen zugefügt werden.

---

[4] „Die deutsche Reichsregierung, Bulgarien, Belgien, Japan, Holland, die Schweiz und die Tschechoslowakei hatten in ihrer Antwort auf den Fragebogen des Völkerbundes, der den Staaten zwecks Vorbereitung der Haager Kodifikationskonferenz (1930) vorgelegt worden war, darauf hingewiesen, daß Völkerrechtsverletzungen auch ohne Vorliegen eines Vermögensschadens eine völkerrechtliche Verantwortlichkeit begründen kann." *Verdross*, S. 374.

[5] ICJ Reports, 1949, S. 35.

b) Ursachenzusammenhang

Eine Haftung kommt jedoch nur dann in Betracht, wenn die unterlassene oder falsche Informationsübertragung für den Schadenseintritt ursächlich (kausal) war. Ähnlich wie im nationalen Recht, so stellt sich auch im internationalen Recht die Frage, ob man dabei von der Adäquanz- oder Äquivalenztheorie ausgehen soll. Für die Mehrzahl möglicher Informationsverletzungen im internationalen Verkehr und deren erfolgreichen Verfolgung eignet sich die Adäquanztheorie mehr, da ursächlich nur die Handlungen sind, die nach allgemeiner Lebenserfahrung typischerweise den Schaden herbeiführen. Nach der Äquivalenztheorie ist jede Bedingung für den Schaden kausal, die nicht hinweggedacht werden kann, ohne daß der konkrete Schadenseintritt entfiele (conditio sine qua non). Bei Anwendung der Äquivalenztheorie würde die Verantwortlichkeit der Völkerrechtssubjekte ins Uferlose ausgedehnt werden. Wollte man die Völkerrechtssubjekte für alle rechtswidrigen Handlungen, die zu den entferntesten Folgen geführt haben, verantwortlich machen, so wäre jegliche staatliche Kooperation in Frage gestellt. Eine vernünftige Einschränkung der Haftung muß sein, da die Völkerrechtssubjekte nicht für alle Folgen verantwortlich sein können. Die internationale Praxis und Gerechtigkeit fordert vielmehr, daß die Haftung auf Schäden beschränkt wird, deren Eintritt im großen und ganzen dem normalen Verlauf entsprechen.

Der in dem anglo-amerikanischen Recht entwickelte Grundsatz, daß nur die „causa proxima", nicht die „causa remota" zur Verantwortung führt, kann dagegen im Völkerrecht nur in beschränktem Maße Anwendung finden. Diese Auffassung, daß nur die dem Schaden relativ nahe Bedingungen, nicht die weit entfernteren Ereignisse die Verantwortlichkeit begründen[6], schränkt die Verantwortlichkeit nicht nur sehr ein, sondern erschwert auch das Bemühen, die Staaten zu einem größeren Verantwortungsbewußtsein zu bewegen.

Zusammenfassend kann man feststellen, daß das Völkerrecht keine ausdrückliche Entscheidung für die Geltung der Adäquanz- oder Äqui-

---

[6] In der Entscheidung des amerikanisch-englischen Schiedsgerichts im Interocean Transportation Company of America-Fall hieß es: „It is as necessary between nations as it is between individuals, where damages are claimed, that the claimed losses be traced not remotely, but proximately to the specific acts complained of." *Lauterpacht*, Annual Digest and Reports of Public International Cases, S. 276.
Die Unterscheidung zwischen „causa proxima" und „causa remota" ist auch in zahlreichen Entscheidungen der nach dem ersten Weltkrieg eingesetzten deutsch-amerikanischen Schiedsgerichtskommission zugrundegelegt. Vgl. *Lauterpacht*, Administrative Decision, Nr. 2, 1923, Reports of International Arbitral Awards, Bd. 7, S. 29 ff.; *Ralston*, The Law and Procedure of International Tribunals, S. 241 ff.; *Eagleton*, Yale Law Journal 39 (1929 - 30), S. 68 ff.

valenztheorie enthält, obwohl „die internationale Rechtsprechung der Adäquanztheorie zuneigt"[7].

3. Ausschluß der Rechtswidrigkeit

Ein Staat kann nur dann zur Verantwortung gezogen werden, wenn die Handlung, die für den Erfolg kausal war, auch rechtswidrig ist. Auch im Völkerrecht gibt es Rechtfertigungsgründe, durch die das völkerrechtswidrige Tun oder Unterlassen gerechtfertigt sein kann. Rechtfertigungsgründe im Völkerrecht sind nicht abschließend typisiert, zu ihnen gehören u. a. die Einwilligung des Verletzten und die Notrechte. Die Einwilligung kann ausdrücklich oder stillschweigend gegeben werden[8]. Besonders in Kriegszeiten kommt es häufig vor, daß ein verbündeter Staat bereit ist, auf bestimmte Informationspflichten zu verzichten, um somit die gemeinsamen Bemühungen gegen den Feind zu erleichtern.

Der Grundsatz der Selbsterhaltung gewährt jedem die Rechtfertigungsgründe wie Notwehr und Notstand[9]. Anzilotti war in seinem Separatvotum im Oscar Chinn-Fall der Auffassung, daß die Not die Nichterfüllung einer Verpflichtung entschuldigen kann, wenn kein anderer Ausweg offen steht[10].

Bei Rechtfertigungsgründen wie Notwehr und Notstand sind das Erforderlichkeitsprinzip (Interessen eines anderen Staates dürfen nur dann verletzt werden, wenn die drohende Gefahr mit anderen Mitteln nicht abgewendet werden kann), das Temporärprinzip (das Notrecht darf nur so lange ausgeübt werden, wie die Drohung dauert) und das Proportionalitätsprinzip (Maßnahmen müssen im Verhältnis zur eigenen Bedrohung stehen) zu beachten[11].

Für die Beurteilung der Rechtswidrigkeit kommt es auf das Völkerrecht, nicht auf das nationale Recht an[12]. Der Staat kann sich bei der Unterlassung seiner Verantwortung nicht auf sein eigenes Recht oder seine Verfassung berufen[13].

---

[7] *v. Münch*, S. 194.

[8] *v. Münch*, S. 190.

[9] *Verdross*, S. 412.

[10] „La nécessité peut excuser l'inobservance des obligations internationales." Oscar Chinn-Fall (1934), StIGH A/B 63, S. 113.

[11] *v. Münch*, S. 190.

[12] *Dahm*, Bd. III, S. 211.

[13] So z. B. im Rechtsgutachten des StIGH über die Behandlung der polnischen Staatsangehörigen in Danzig, 1932: „A State cannot adduce as against another State its own Constitution with a view to evading obligations incumbent upon it under international law or treaties in force." StIGH, A/B 44, S. 24; ebenso der Schiedsgerichtsspruch im Montijo-Fall, 1875: „A

Über die Grenzen von Recht und Unrecht entscheidet die internationale Rechtsüberzeugung.

4. Erfolgs- oder Schuldhaftung

Bei der Beurteilung der Haftbarkeit für ein Informationsdelikt wie auch bei anderen völkerrechtlichen Delikten stellt sich die Frage, ob Schuld in dem Sinne gegeben sein müsse, daß ihr Vorsatz oder Fahrlässigkeit zur Last fällt oder ob ein derartiges subjektives Element nicht erforderlich sei, da die bloße objektive Verletzung der völkerrechtlichen Informationspflicht die Verantwortlichkeit des Staates bereits begründet.

Die Frage der Schuld- oder Erfolgshaftung ist bis heute sehr umstritten. Drei Hauptrichtungen sind zunächst hervorzuheben.

„Die ältere, bis in den Anfang des 19. Jahrhunderts herrschende Lehre ist streng von dem Erfordernis persönlichen Verschuldens ausgegangen. Sie stützte sich im wesentlichen auf den von Grotius aufgestellten Satz: ‚qui in culpa non est natura ad nihil tenetur' und argumentierte mit der Fiktion einer Komplizenschaft des Staates bei den Handlungen einzelner, die er geduldet (patientia) oder mit denen er sich moralisch identifiziert habe (receptus)[14]."

Die Wortführer dieser ersten Richtung, wie z. B. Oppenheim / Lauterpacht[15], Verdross[16] und Dahm[17] halten an dem im klassischen Völkerrecht entwickelten Erfordernis des Verschuldens fest.

Verschulden kann sein Vorsatz oder Fahrlässigkeit. Zum Vorsatz gehören nach der klassischen Auffassung Wissen und Wollen der Tatbestandsverwirklichung. Unkenntnis oder die irrtümliche Annahme von Umständen, bei deren Vorliegen das Handeln dem Völkerrecht nicht entgegensteht, läßt den Vorsatz entfallen. Dabei ist es nicht wesentlich, daß das Organ den Umfang des Schadens und die konkreten Folgen seines Verhaltens vorausgesehen hat oder auch nur hat voraussehen können[18].

Man ist generell der Auffassung, daß nicht nur vorsätzliches, sondern bereits auch schon fahrlässiges Verhalten ausreicht, um völkerrechtlich verantwortlich zu sein.

---

treaty is superior to the constitution, which latter must give way. The legislation of the republic must be adapted to the treaty, and not the treaty to the laws." *Moore*, Bd. II, S. 1440.

[14] *Schüle*, WVR², Bd. III, S. 336.

[15] *Oppenheim / Lauterpacht*, S. 338 ff.

[16] *Verdross*, S. 377 ff.

[17] *Dahm*, Bd. III, S. 225 ff.

[18] *Dahm*, Bd. III, S. 229.

„Der Vorwurf der Fahrlässigkeit setzt eine Vernachlässigung der objektiv gebotenen Sorgfalt voraus, die nach den Umständen vernünftigerweise verlangt werden muß. Bewußte und unbewußte Fahrlässigkeit sind gleich zu behandeln. Bei der Beurteilung dieser Frage muß ein objektiver, weithin generalisierender Maßstab angelegt werden. Andererseits wird man aber auch die Umstände des Falles und die konkrete Situation nicht außer Betracht lassen dürfen. Eine gewisse Richtlinie gibt die Erwägung, daß, je mehr auf dem Spiel steht, desto mehr an Sorgfalt und Aufmerksamkeit verlangt werden muß. Erhöhte Gefahr erfordert eine höhere Anspannung der Aufmerksamkeit[19]."

Die zweite Richtung, nämlich die Erfolgshaftungstheorie, vertreten von Anzilotti[20] und Guggenheim[21], will jedes Schuldmoment grundsätzlich ausgeschlossen wissen wollen. Der bloße (unbeabsichtigte) Erfolg des Schadenseintrittes bewirkt die Haftung der Verletzenden.

Zwischen dieser objektiven und subjektiven Theorie versucht die dritte differenzierende Richtung in verschiedener Weise „zwischen den vorgenannten Extremen zu vermitteln"[22]. Nach ihrer Auffassung sollen in der Regel bei völkerrechtswidrigem Tun der Grundsatz der Erfolgshaftung, bei Unterlassungen aber der Grundsatz der Schuldhaftung gelten, da bei diesen Delikten der Mangel einer pflichtgemäßen Aufmerksamkeit und Sorgfalt einen notwendigen Teil des Unrechtstatbestandes bildet.

Die internationale Gerichts- und Schiedgerichtspraxis weist auf ein gleichermaßen uneinheitliches Bild hin. Selbst die gerichtlichen Entscheidungen des IGH werden unterschiedlich ausgelegt. So wird z. B. das Urteil des IGH im Korfu-Kanal-Fall sowohl von den Vertretern der von Hugo Grotius begründeten Schuldtheorie als auch von den Vertretern der seit Heinrich Triepel im Vordringen befindlichen Erfolgstheorie für sich in Anspruch genommen[23].

---

[19] *Dahm*, Bd. III, S. 230.

[20] *Anzilotti*, Lehrbuch des Völkerrechts, S. 391 - 394.

[21] *Guggenheim*, Traité de Droit international Public, S. 32, 91 ff.

[22] *Schüle*, WVR², Bd. III, S. 337; zu dieser Richtung gehören u. a. Strupp, Schoen, De Visscher, Fedozzi.

[23] *v. Münch*, S. 213; Dahm ist z. B. der Auffassung, daß der IGH im Korfu-Kanal-Fall allein die Verschuldenstheorie vertritt. „Auch der IGH hat im Sinne des Verschuldensprinzips Stellung genommen. In dem zwischen dem VK und Albanien streitigen Korfu-Kanal-Fall ließ der IGH es darauf ankommen, ob die albanischen Behörden von der Auslegung der Minenfelder vor der albanischen Küste Kenntnis gehabt hätten oder hätten haben können. Diese Frage bejahte die Mehrheit der Richter und entschied daher, daß Albanien für die Beschädigung der britischen Kriegsschiffe bei dem Auffahren auf das Minenfeld und den daraus entstandenen Sach- und Personenschaden verantwortlich sei. Auch und gerade die dissentierenden Richter stimmten in dem Ausgangspunkt überein, nämlich darin, daß ein Staat nur für Vorsatz und Fahrlässigkeit seiner Organe verantwortlich sei. Sie hielten aber das Verschulden der albanischen Behörden nicht für genügend bewiesen." *Dahm*, Bd. III, S. 227.

Vertreter der Schuldtheorie wie Dahm und Verdross sind der Ansicht, daß diese Praxis überwiegend ihre Auffassung unterstütze, daß der „Staat auch bei Begehungsdelikten grundsätzlich nicht verantwortlich wird, wenn der objektiv völkerrechtswidrige Tatbestand gesetzt wurde, ohne daß dem setzenden Staatsorgan wenigstens eine Fahrlässigkeit (mangelnde Voraussicht oder Aufmerksamkeit) angelastet werden kann"[24].

Dahm schreibt dazu:

„Es wird zum mindesten eine Vernachlässigung der objektiv gebotenen Sorgfalt (due diligence) verlangt. Das blinde Kausalgeschehen als solches, Zufall oder höhere Gewalt, rechnet man im allgemeinen nicht zu[25]."

Abgesehen von besonderen vertraglichen Vereinbarungen hat weder das eine noch das andere Prinzip sich durchgesetzt. Das ist sicherlich darauf zurückzuführen, daß die Haftungssachverhalte derart verschieden sind, daß weder die eine Theorie noch die andere allen Möglichkeiten gerecht werden können. Neuerdings scheint jedoch die Erfolgstheorie im Vordringen zu sein[26]. Das erklärt sich aus der Notwendigkeit, „die Deliktshaftung im Hinblick auf die zunehmende Intensivierung der internationalen Beziehungen nach Möglichkeit auszudehnen"[27].

Bei vielen Informationsdelikten würde es schwierig, wenn nicht sogar unmöglich sein, einem Staatsorgan oder einer einzelnen Person mangelnde Aufmerksamkeit und Sorgfalt nachzuweisen. Zu dem Bereich, wo die Entscheidungen über Abgabe von Informationen getroffen oder Informationspflichten unterlassen wurden, hat mit Sicherheit ein Außenstehender keinen Zugang und wird höchstwahrscheinlich nachträglich keine Person finden, die Beweise über Vorsatz und Fahrlässigkeit liefert. Jeder Arbeitgeber, sei es der Staat oder eine Privatperson, wird alles tun, um seine schuldhaft handelnden Organe zu decken. Ein Beharren auf subjektiven Voraussetzungen für die Haftung im Falle von Informationsdelikten würde die Einhaltung der aufgezählten Seekriegs-, Friedens- und Umweltschutzinformationspflichten erschweren.

Aréchaga schreibt zu Recht:

„From a practical point of view, to require fault as an additional general condition of international responsibility considerably restricts the chances of a state being held responsible for the breach of an international obligation. Proof of wrongful intent or negligence is always very difficult, and the difficulty is particularly great when this subjective element has to be

---

[24] *Verdross*, S. 377.
[25] *Dahm*, Bd. III, S. 226.
[26] *Schüle*, WVR², Bd. III, S. 337; *v. Münch*, S. 195; *Aréchaga*, S. 535 ff.; *Starke*, S. 104 ff.; *Holder* und *Brennan*, International Legal Systems, S. 669, 670; *Jenks*, Liability for Ultra-Hazardous Activities in International Law, in 117 Hague Recueil, S. 177.
[27] *Schüle*, WVR², Bd. III, S. 337.

attributed to the individual or group of individuals who acted are failed to act on behalf of a state.

This argument, however, is not the basic reason for rejecting in general the theory of fault. The decisive consideration is that, unless the rule of international law which has been violated specifically envisages malice or culpable negligence, the rules of international law do not contain a general floating requirement of malice or culpable negligence as a condition of responsibility[28]."

Durch die Nichteinhaltung einiger aufgeführter Informationspflichten entstehen besondere Arten von Beschädigungen (wie z. B. bei radioaktiver Verseuchung), die besser von der Erfolgshaftung gedeckt würden. Selbst Verdross, ein Verfechter der Schuldtheorie, schreibt:

„Nach den allgemeinen Rechtsgrundsätzen besteht aber kein Zweifel darüber, daß die Erfolgshaftung ... für einzelne Arten von Beschädigungen anerkannt ist[29]."

Je gefährlicher die Folgen eines Informationsdelikts sind, desto strenger müssen die Anforderungen an den Haftungsträger (meistens den Heimatstaat des Verletzers) gestellt werden. Besonders bei lauernden Gefahren auf See oder bei Verwendung gefährlicher oder umweltschädlicher Materialien in Grenznähe anderer Staaten muß ein Völkerrechtssubjekt genügend Vorsichtsmaßnahmen zum Schutze des Nachbarstaates ergreifen. Zu diesen Vorsichtsmaßnahmen gehören u. a. die Lieferung von Informationen. Kommt es dann doch zu einem Unglücksfall und unterläßt ein Staat die Warnungspflicht, so wird man aus der bloßen Tatsache des erfolgten Schadens, z. B. der Verseuchungsausbreitung, vermuten, daß der Staat, dem die Gefahr bekannt war, schuldhaft keine genügenden Vorsichtsmaßnahmen getroffen hat[30].

Da die Informationspflichten zum Schutze, zur Sicherheit und zur Verhinderung von schwerwiegenden Schäden gegeben sind, müßten die Völkerrechtssubjekte zur größeren Sorgfalt bei ihrer Einhaltung der Informationspflichten beitragen, da sie im Gegensatz zur Schuldhaftung zu größerer Sorgfalt bei der Vermeidung von völkerrechtlichen Delikten zwingt. Bei Anwendung der Erfolgshaftung reicht der bloße Schadenseintritt für eine Haftung aus. Gerade in der heutigen Zeit ist es wichtig, da die Völkerrechtssubjekte häufig unberechenbare technische, wissenschaftliche und wirtschaftliche Handlungen vornehmen, die leicht zu Schäden führen können, daß man schon für jeden Erfolg haftet. Daher ist es erforderlich, die Völkerrechtssubjekte wesentlich schneller und problemloser aufgrund des objektiven Erfolges allein zur Verantwortung zu ziehen.

---

[28] *Aréchaga*, International Responsibility, in Manual of Public International Law, S. 535; vgl. auch *Starke*, Imputability in International Delinquencies, 19 British Yearbook of International Law, S. 114.

[29] *Verdross*, S. 379.

[30] *Seidl-Hohenveldern*, Völkerrecht, S. 270.

Münch schreibt:

„Schäden aus Handlungen mit unvorhersehbaren Auswirkungen werden
von der Erfolgshaftung besser abgedeckt als von der Schuldhaftung, da es bei
der Erfolgshaftung auf die Vorhersehbarkeit des Schadenseintrittes nicht
ankommt[31]."

Der Weltraumvertrag vom 27. 1. 1967[32], die „Convention Relating to
Civil Liability in the Field of Maritime Carriage of Nuclear Material"
vom 17. 12. 1971[33] und die „Convention on the International Liabilitiy
for Damage caused by Space Objects" vom 29. 3. 1972[34] sind nur einige
der neuesten Beispiele, die von der Erfolgshaftung ausgehen.

II. Subjekt und Objekt des Informationsdelikts

1. Subjekt

a) Haftung für Staatsorgane

Subjekt der völkerrechtlichen Haftung sind die Völkerrechtssubjekte,
soweit sie als solche handlungsfähig und verpflichtet sind, eine Bekanntgabe oder Warnung abzugeben[35]. In erster Linie werden die Staaten durch völkerrechtswidrige Handlungen ihrer Organe zur Verantwortung gezogen[36]. Im Grunde sind jedoch nicht sie, die „handelten"
und „Schäden zufügten", vielmehr die Organträger — Amtsinhaber —
im Rahmen der Staatsorganisation.

Die völkerrechtliche Praxis zeigt, daß das Tun und Unterlassen des
kompetenzgemäß handelnden Organträgers direkt dem Staat, sei es
aufgrund Landesrechts oder hauptsächlich aufgrund des Völkerrechts,
zugerechnet wird. Die völkerrechtliche Haftung tritt für völkerrechtswidrige Handlungen aller Staatsorgane, die hoheitliche Gewalt ausüben
und in Ausnahmefällen auch für Privatpersonen, für dessen Handlungen der Staat eine völkerrechtliche Verantwortung hat, ein.

Generell sind die hier aufgeführten Informationspflichten von den
Staatsorganen auszuführen. Einige der hier behandelten Informationspflichten werden jedoch auch von einzelnen Staatsbürgern, die hoheitlich beliehen sind und die im internationalen Verkehr verantwortliche
Tätigkeiten ausüben, ausgeführt. Da ein Flaggenstaat alle unter seiner

---

[31] v. Münch, S. 197.
[32] 610 UNTS 205.
[33] ILM, Bd. XI, 1972, S. 277.
[34] TIAS 7762.
[35] Verdross, S. 379 - 381; Oppenheim / Lauterpacht, S. 337; Dahm, Bd. III,
S. 181 ff.; Seidl-Hohenveldern, S. 270; Aréchaga, S. 544 ff.; Tunkin, S. 420 ff.
[36] v. Münch, S. 198.

Flagge fahrenden Schiffe als unter seinem Rechts- und Schutzbereich stehend betrachtet, unterliegen auch die Handelskapitäne sowie deren Reedereien seiner Aufsicht. Es ist anzunehmen, daß ein Staat, wenn er einem Handelsschiff das Führen seiner Flagge gestattet und das Recht auf freien, ungehinderten Seeverkehr in Anspruch nimmt, zumindestens dafür zu sorgen hat, daß das Schiff sich an die Seerechtsregeln über die Einhaltung von Verkehrs- und Informationspflichten hält[37]. Bei Nichtbeachtung der Pflichten kann sich der Flaggenstaat nicht der Verantwortung entziehen.

b) Haftung für natürliche und juristische Personen

Für das Verhalten der einzelnen Personen und Gesellschaften, die nicht hoheitlich tätig werden, kann der Staat dagegen im allgemeinen nicht zur Verantwortung gezogen werden.

Im Einzelfall kann jedoch auch ein Staat durch sein Dulden, Nichtverhindern und Nichtverfolgen eines schuldhaften Handelns (z. B. Nichtbekanntgabe von Minen und anderen Gefahren in seinen Küstengewässern) sowie durch das Verhalten einer Einzelperson, die in seinem Auftrag gehandelt hat (Kriegsverbrechen), verantwortlich gemacht werden[38].

Eine individuelle Haftung (neben der Haftung der Staaten) für ein Verbrechen gegen die Menschheit, z. B. im Falle der Nichtbekanntgabe einer internationalen Verseuchung (z. B. des Rheins) mit katastrophalen Folgen[39], ist seit den Urteilen des Internationalen Militärgerichtshofes von Nürnberg und Tokio und der Resolution der Vollversammlung der VN vom 11. 12. 1946 über die Bestätigung der Völkerrechtsprinzipien nicht mehr ausgeschlossen. Tunkin spricht von einem „anerkannten Grundsatz des modernen Völkerrechts" betreffs individueller Haftung für Verbrechen gegen die Menschheit[40].

---

[37] „Perhaps the most venerable and universal rule of maritime law relevant to our problem is that which gives cardinal importance to the law of the flag. Each state under international law may determine for itself the conditions on which it will grant its nationality to a merchant ship, thereby accepting responsibility for it and acquiring authority over it." Lauritzen v. Larsen, 73 US Sup. Ct., S. 921; vgl. Art. 3, 4 und 5 des Übereinkommens zur einheitlichen Feststellung von Regeln über den Zusammenstoß von Handelsschiffen, 1910, RGBl. 1913, S. 49, 89; RGBl. 1935 II 60. Bis 1971 haben 38 Staaten das Abkommen ratifiziert, Fundstellennachweis (B), BGBl. 1972, S. 129.

[38] *Verdross*, S. 379; *Tunkin*, S. 421; *Oppenheim / Lauterpacht*, S. 342; *Seidl-Hohenveldern*, S. 270.

[39] Wenn das Auslegen des albanischen Minenfeldes nach Ansicht der Engländer bereits ein Verbrechen gegen die Menschheit war, dann ist z. B. erst recht die Geheimhaltung auslaufender biologischer, chemischer oder radioaktiver Verseuchungsmaterialien ins Meer oder in einen Fluß ein Verbrechen gegen die Menschheit, für das der einzelne einzustehen hat.

[40] *Tunkin*, S. 420.

Es ist abzusehen, daß in Zukunft ein Staat auch für die Handlungen der einzelnen Staatsangehörigen oder Juristischen Personen, durch deren Tätigkeit die internationalen Gewässer und die Luft vorsätzlich oder fahrlässig verseucht wurde und die darüber keine Meldung gemacht haben, zur Rechenschaft gezogen wird.

„Ein Staat haftet indirekt schließlich auch für Handlungen von Privatpersonen, nämlich dann, wenn seine Organe ihrer Pflicht zur Sicherung des völkerrechtmäßigen Verhaltens ihres Staates gegenüber Störungen durch Privatpersonen (oder allenfalls auch durch Organe anderer Staaten) nicht nachgekommen sind[41]."

Wenn das Völkerrechtssubjekt durch Art, Zustand und Funktionsweise seiner hoheitlichen Einrichtungen nicht hinreichend Vorsorge zur Verhinderung von Schäden getroffen hat, kann es sich nicht der Haftung für unrechtmäßiges Verhalten von Privatpersonen entziehen.

Zu der Gruppe, die ein völkerrechtliches Unrecht begehen kann, muß man auch die multinationalen Gesellschaften (z. B. Ölkonzerne) rechnen. Bei ihnen wird die Verantwortlichkeit der einzelnen Staaten nur schwerer festzustellen sein, da sie in mehreren Staaten ihren Sitz haben. Bei schwerwiegenden Schäden, die durch die Einhaltung einer Informationspflicht, wie z. B. Warnung vor Gefahren oder Verseuchungen, hätten vermieden werden können, kann sich der Heimatstaat einer Gesellschaft auch hier nicht seiner Verantwortung dadurch entziehen, daß er vorgibt, eine private oder Juristische Person sei für einen solchen Schaden allein verantwortlich. Diese Behauptung ist vor allem dann nicht schlüssig, wenn er selber Mitglied einer Internationalen Organisation oder einer Konvention beigetreten ist, deren Ziel z. B. die Bekämpfung und Verhinderung der Umweltverseuchung ist.

Grundsätzlich können auch Internationale Organisationen, die Völkerrechtssubjekte sind, für die Nichterfüllung von Informationspflichten verantwortlich gemacht werden, wenn sie sich in einem Vertrag mit einem anderen Völkerrechtssubjekt dazu verpflichtet haben.

2. Objekt

Wie im Prinzip alle Völkerrechtssubjekte gegen Informationspflichten verstoßen vermögen, können sie auch durch das Informationsdelikt Objekt der Deliktshaftung werden. So kann auch nicht zweifelhaft sein, daß die internationalen Organisationen neben den Staaten als Träger eigener Rechte verletzt werden können.

Dagegen ist sehr fraglich, inwieweit das Individuum mögliches Deliktsobjekt sein kann. Nach der bisher herrschenden Meinung „soll in

---

[41] *Seidl-Hohenveldern*, S. 275.

dem einzelnen nur sein Staat (Sozialverband) verletzt werden können"[42]. Da infolge der „Mediatisierung des Menschen" das Individuum
im allgemeinen weder als völkerrechtliches Subjekt, noch als Objekt
anerkannt wird, kann es nach geltendem Völkerrecht in der Regel nur
durch seinen Heimatstaat einen völkerrechtlichen Anspruch geltend
machen[43].

Bei der Verletzung einer gewohnheitsrechtlichen oder vertraglichen
Informationspflicht können also grundsätzlich nur die Staaten ein-
schreiten, die durch die Verletzung in der Person ihres Staatsbürgers
beschädigt wurden. Sie können den verantwortlichen Staat für seine
Handlungen zur Rechenschaft ziehen. Im allgemeinen haben somit nur
die Staaten das Recht zur Ahndung oder Beseitigung der Folgen eines
Informationsdelikts.

III. Unrechtsfolgen

1. Wiedergutmachung

Nach allgemeiner Ansicht entsteht eine Entschädigungspflicht, wenn
die beauftragten Staatsorgane oder Einzelpersonen der Völkerrechtssubjekte durch ein völkerrechtswidriges Tun oder Unterlassen einen
Schaden herbeigeführt haben[44].

„Die Haftung des Staates", sagt Anzilotti, „hat Reparations-, nicht Satis-
faktionscharakter; das Recht des verletzten Staates ist also darauf beschränkt, Schadensersatz und mögliche Garantien für die Zukunft zu fordern, es kann nicht den Charakter eines Strafanspruches gegen den verletzenden Staat annehmen"[45].

Es ist anzunehmen, daß dieser allgemeine Rechtsgrundsatz[46] auch
für die Schäden, die durch ein Informationsdelikt entstanden sind,
Anwendung findet. Führt die Informationsunterlassung zu einem Verlust von Gütern oder Menschenleben, so handelt es sich um einen materiellen Schaden, dessen Wiedergutmachung durch Naturalrestitution
oder — wenn diese nicht möglich ist — durch Schadensersatz erfolgen
soll.

---

[42] *Dahm,* Bd. III, S. 180; *Seidl-Hohenveldern,* S. 271.

[43] Vgl. Chorzow-Fall, 13. 9. 1928, Ser. A 17, S. 29 ff.; *Doehring,* Die Pflicht
des Staates zur Gewährung diplomatischen Schutzes, in: ZaöRV 1959.

[44] Vgl. *Verdross,* S. 398 ff.; *Dahm,* Bd. III, S. 233; *Aréchaga,* S. 656; *Schüle,*
WVR², Bd. III, S. 337; *v. Münch,* S. 203.

[45] *Anzilotti,* Teoria generale della responsabilità dello stato nel diritto
internazionale, S. 96.

[46] „Es ist ein Grundsatz des Völkerrechts, daß eine Pflichtverletzung die
Verpflichtung zur Wiedergutmachung in angemessener Form nach sich zieht.
Wiedergutmachung ist also notwendiges Pendant zur Erfüllung eines Abkommens, und es ist nicht erforderlich, dies im Abkommen selbst ausdrücklich festzulegen." Chorzow-Fall, StIGH A 17, S. 21 ff.

Einen Zustand wiederherzustellen, der vor dem schadenstiftenden Ereignis (Informationsdelikt) bestand, wie es die Naturalrestitution fordert, wird nur selten möglich sein. Denkbar wäre nach Wiederherstellung der friedlichen zwischenstaatlichen Beziehungen die Wiederaufnahme eines Informationsaustausches und die strikte Einhaltung der Informationsverpflichtungen. Im allgemeinen jedoch kann nur ein Ausgleich des Schadens in Form von Geldersatz geleistet werden[47].

Je nach Art und Umfang des eingetretenen Schadens muß ein voller Ausgleich der Schäden, entgangener Gewinn[48] und Zinsen gewährt werden[49].

Der Umfang der Schadenshaftung ist weder von der Zahl der völkerrechtswidrig handelnden Subjekte, noch vom Grad des Verschuldens abhängig. Dahm schreibt dazu:

„Von der Absicht und dem dolus directus bis zur leichtesten Fahrlässigkeit löst das Verschulden die Pflicht zu voller Wiedergutmachung aus. Alles oder nichts! Eine Proportionalität zwischen dem Verschulden und dem Ausmaß der Haftung besteht grundsätzlich nicht. Das kann rechtspolitisch unerwünscht sein[50]."

Das Fehlen einer Proportionalität ist gewiß bei einer Anzahl von Fällen rechtspolitisch unerwünscht. Man braucht nur an die nuklearen Folgen oder Ölschäden zu denken, für die ein Staat etwa ersatzpflichtig gemacht werden könnte. Deshalb entstanden u. a. auch einige der erwähnten Verträge betreffs der Verwendung und Haftung von Reaktorschiffen oder Öltanker bei Unglücksfällen, um den Umfang der Haftung zu begrenzen.

Da der Ursachenzusammenhang neben den näheren auch die entfernteren Ursachen, neben der unmittelbaren auch die mittelbare Verur-

---

[47] Diese Verpflichtung sowie die für die Bestimmungen des Schadensersatzes maßgebenden Grundsätze wurden im Urteil des StIGH im Chorzow-Fall (1928) folgendermaßen zusammengefaßt: „The essential principle contained in the actual notion of an illegal act ... is that reparation must, as far as possible, wipe out all the consequences of the illegal act and reestablish the situation which would, in all probability, have existed if that act had not been committed. Restitution in kind, or, if this is not possible, payment of a sum corresponding to the value which a restitution in kind would bear; the award, if need be, of damages for loss sustained which would not be covered by restitution in kind or payment in place of it — such are the principles which should serve to determine the amount of compensation due for an act contrary to international law." StIGH A 17, S. 47; „(Compensation) ... is to be measured by pecuniary standards because, says Grotius, money is the common measure of valuable things." Lusitania-Fall (1923), 7 RIAA, S. 34.

[48] Vgl. die amerikanisch-deutsche Mixed Claims Commission in der Administrative Decision Nr. 7, 7 RIAA, S. 247.

[49] Chorzow-Fall, A. 17, S. 57 ff.; Wimbledon-Fall, A. 1, S. 32 ff.; Provident Life Insurance Co.-Fall, 1924, 7 RIAA, S. 112; *Schüle*, WVR², Bd. III, S. 337; *Dahm*, Bd. III, S. 234 - 236; *Verdross*, S. 403.

[50] *Dahm*, Bd. III, S. 238.

sachung einschließt, muß der schuldige Staat auch den mittelbar verursachten Schaden ersetzen[51].

Hat z. B. die Unterlassung einer Informationspflicht den Tod eines Menschen zur Folge, so ist zu erwägen, welche materiellen und persönlichen Leistungen von dem Verstorbenen ohne das schädigende Ereignis aller Wahrscheinlichkeit nach erbracht worden wären. Dabei sind die mögliche Lebensdauer des Verstorbenen (ohne das sein Tod herbeiführende Ereignis) und die Lebenserwartung der Angehörigen u. a. zu berücksichtigen[52].

Es gibt eine Ausnahme von dem Grundsatz der totalen Haftung. Die internationale Praxis erkennt den allgemeinen Grundsatz an, „daß bei der Bemessung des Schadens das mitwirkende Verschulden oder die mitwirkende Verursachung durch den Geschädigten in Rechnung gestellt werden muß"[53].

Der Schiedsspruch des Königs von Preußen im Portendick-Fall (1843) ist ein gutes Beispiel für die Ausnahme von der Totalhaftung. Nach dem Schiedsgerichtsspruch wurde Frankreich verpflichtet, die durch die nicht angekündigte Blockade von Portendick geschädigten englischen Reedereien zu entschädigen. Doch wurde eine Ausnahme für Schiffe gemacht, die Kenntnis von der Blockade gehabt oder die Reise unternommen hatten, obwohl sie in der Lage waren, sich zu unterrichten[54].

Wenn durch ein schuldhaftes Handeln ein immaterieller (Nichtvermögens) Schaden hervorgerufen wurde, besteht eine Wiedergutmachungspflicht. Bei diesen ideellen Schäden ist der verletzende Staat zur Genugtuung verpflichtet. Die Genugtuung hat die Aufgabe, das Rechtsgefühl des betroffenen Staates wieder zu beschwichtigen[55].

Informationsunterlassungen, die nicht zu einem materiellen Schaden geführt haben, können jedoch immaterielle Schäden verursacht haben.

---

[51] Im Chorzow-Fall sprach das Gericht von einer Pflicht zum Ersatz nicht nur des Wertes des rechtwidrig enteigneten Unternehmens, sondern auch des weiteren Schadens, der den Enteigneten dadurch zugefügt worden ist. StIGH A 17, S. 48 ff.; in den „Administrative Decision Nr. 2" (1923) der amerikanisch-deutschen Mixed Claims Commission war man der Auffassung, daß es nicht darauf ankomme, ob es sich um einen direkten oder indirekten Schaden handele, solange ein adäquater Kausalzusammenhang bestand. 7 RIAA, S. 29; vgl. auch *Dahm,* Bd. III, S. 217; *Verdross,* S. 401.

[52] Vgl. die Entscheidungen in den Lusitania-Fällen, 7 RIAA, S. 35 ff.; Caire-Fall, 1929, 5 RIAA, S. 532 ff.

[53] *Dahm,* Bd. III, S. 239.

[54] Portendick-Fall, La Pradelle-Politis, Receuil des Arbitrages Internationaux, Bd. I, S. 526.

[55] *Verdross,* S. 404; *v. Münch,* S. 191; *Dahm,* Bd. III, S. 241.

Die Formen der Genugtuung[56] für die staatlichen als auch völkerrechtlichen Verletzungen sind verschiedenartig. Verdross schreibt:

> „Die Staatenpraxis zeigt uns folgende Arten: Bestrafung (auch Amtsentsetzung) des schuldigen Organs, angemessene Bestrafung der schuldigen Privatpersonen, mehr oder weniger feierliche Entschuldigung, Huldigung vor der Flagge oder einem anderen Hoheitszeichen des verletzten Staates, Zahlung einer Geldsumme als Sühneleistung, auch Garantien für die Zukunft. Das zeigt uns, daß die Genugtuung — im Gegensatz zum Schadensersatz — einen poenalen Einschlag aufweist, wenngleich eine Bestrafung von Staaten nach allgemeinem Völkerrecht undenkbar ist[57]."

Da keine ausgebildeten Normen über die Form der Genugtuung bestehen, liegt es im Ermessen eines jeden verletzten Staates, die Form auszusuchen, die unter den Umständen am geeignetsten ist.

Zusammenfassend muß festgestellt werden, daß der Anspruch auf Wiedergutmachung für materielle als auch immaterielle Schäden ein Rechtsanspruch ist. Daran ändert auch die Tatsache nichts, daß öfter von einem Schädigerstaat auch ohne Anerkennung einer Verpflichtung Wiedergutmachung „ex gratia" geleistet wird[58].

Der Wiedergutmachungsanspruch steht allein dem geschädigten Völkerrechtssubjekt zu, egal ob es als solches oder ob es in der Person oder dem Vermögen eines natürlichen oder juristischen Rechtssubjekts geschädigt ist, das unter seinem Schutz steht[59]. Der Wiedergutmachungsanspruch wegen eines Informationsdelikts ist rein völkerrechtlicher Natur, der Anspruch besteht also nur zwischen den Völkerrechtssubjekten.

2. Friedliche Mittel zur Beilegung des Informationsdelikts

a) Diplomatische Bemühungen

Die Geltendmachung von Ansprüchen auf Wiedergutmachung sowie die Beilegung von Streitigkeiten werden zunächst im Wege direkter Verhandlungen zwischen den Völkerrechtssubjekten versucht. Dieses

---

[56] Vgl. Wimbledon-Fall, StIGH A 17, S. 32 ff.; Alabama-Fall, 1871, RA II, S. 893 ff.; Chorzow-Fall, StIGH A 17, S. 47 - 53.

[57] *Verdross*, S. 404, 405.

[58] Trotz der getroffenen Vorsichtsmaßnahmen wurden außerhalb der Gefahrenzone ein japanisches Fischerboot (Fukuryn Maru) und seine Besatzung von 27 Seeleuten sowie 82 Bewohner der Marshall-Inseln infiziert, und es wurde der Thunfischerei im Pazifik und damit der japanischen Volkswirtschaft ein schwerer Schaden zugefügt. (176 Tonnen Thunfisch waren infiziert, und der allgemeine Thunfischpreis fiel) 1955 haben die Vereinigten Staaten von Amerika der japanischen Regierung unter Aufrechterhaltung ihres Rechtsstandpunktes und Verweigerung aller Schadensersatzverpflichtungen trotzdem 2 000 000 Dollar Entschädigung „ex gratia" gezahlt. *Dahm*, Bd. I, S. 667; vgl. auch *Bowett*, The Law of the Sea, S. 49.

[59] *Schüle*, WVR², Bd. III, S. 338.

ist der unkomplizierteste und schnellste Weg zur Beilegung internationaler Streitigkeiten. Besonders bei den Informationsdelikten, die eine rasche Aufklärung unbedingt erforderlich machen, ist der direkte Verhandlungsweg besonders wichtig.

Direkte Verhandlungen können zunächst auf diplomatischem Wege geführt werden. Die diplomatischen Vertreter des verletzten oder bedrohten Staates unternehmen in solchen Fällen entsprechende Schritte, z. B. in Form von Demarchen oder Interventionen bei den Regierungen, bei denen sie akkreditiert sind. Die Tätigkeiten und Verhandlungen der auswärtigen Vertreter der Streitteile untereinander können entweder in mündlicher oder schriftlicher Form (durch Noten) geführt werden. Sind an einem Streitfall mehrere Staaten beteiligt, dann finden häufig aufgrund des Einvernehmens der Streitteile staatliche Absprachen statt oder es wird eine Konferenz zur Klärung und Beilegung des Falles einberufen. Die Staatenpraxis hat immer wieder gezeigt, daß „der diplomatische Weg die beste Art der Streiterledigung ist, da durch unmittelbare Verhandlung zwischen den Streitteilen am ehesten eine dauernde Verständigung erreicht werden kann"[60]. Oft wird der Weg der Konsultation, um eine gemeinsame Haltung der Staaten bei Konflikten und Verletzungen herbeizuführen, in die politischen Verträge als Pflicht aufgenommen[61]. Existieren solche Pflichten nicht, was häufig der Fall ist, können dritte Staaten ihre Hilfe zur Beilegung eines Streitfalles anbieten. Diese Hilfe kann vom Anbieten guter Dienste bis zur Erstattung von Vermittlungs- oder Untersuchungsangeboten und Ergebnissen gehen.

b) Internationale Gerichtsbarkeit

Nachdem die Bemühungen auf diplomatischem Wege oder die Vermittlung durch dritte Staaten fehlgeschlagen sind, ist der Rechtsweg noch eine weitere Möglichkeit, die völkerrechtliche Verletzung, z. B. das Informationsdelikt, friedlich zu regeln. Es steht fest, daß abgesehen von vertraglich geregelten Pflichten[62] keine direkte völkerrechtliche

---

[60] *Verdross*, S. 415; Bergsträsser, in: WVR², Bd. I, S. 539; *Bemis*, S. 1 ff.

[61] Vgl. Art. 4 des Nordatlantikvertrages vom 4. 4. 1949: „Die Parteien werden einander konsultieren, wenn nach Auffassung einer von ihnen die Unversehrtheit des Gebietes, die politische Unabhängigkeit oder die Sicherheit einer der Parteien bedroht sind." Vgl. auch Art. 54 des Zusatzabkommens zu dem Abkommen zwischen den Parteien des Nordatlantikvertrages über die Rechtsstellung ihrer Truppen hinsichtlich in der BRD statuierten Ausländischen Truppen, BGBl. 1961 II, S. 1218; vgl. auch Art. 3 des Warschauer Paktes, in: *Berber*, Dokumentensammlung, Bd. I, S. 814; Art. 3 des Anzus-Paktes, *Berber*, Dokumentensammlung, Bd. I, S. 795.

[62] Auch in der jüngsten Umweltbemühung zur Säuberung der Meere wurde von Kanada eine vorbildliche Schiedsgerichtsklausel vorgeschlagen: Art. VII 2 (b): Following the exhaustion of local remedies or where no such recourse is available, the State of the damaged party may present to the

Pflicht, die Rechtsstreitigkeiten vor einem Schiedsgericht oder dem IGH auszutragen, besteht. Dazu bedarf es einer eigenen Willenseinigung der Parteien, die jedoch selten in der Praxis zustandekam, obwohl fast alle Staaten der Welt die Charter der Vereinten Nationen und somit die friedlichen Regelungen von Streitfällen in Art. 33 akzeptiert haben. Es heißt ausdrücklich in Art. 33:

1. Die Parteien an irgendeinem Streitfall, dessen Fortdauer geeignet ist, die Aufrechterhaltung des Weltfriedens und der internationalen Sicherheit zu gefährden, sollen dessen Lösung zu finden versuchen vor allem durch Verhandlungen, Untersuchungen, Vermittlung, Vergleich, Schiedsspruch, gerichtliche Regelung, Anrufung regionaler Organe oder Abkommen oder durch andere friedliche Mittel eigener Wahl.

2. Der Sicherheitsrat fordert, wenn es nötig erscheint, die Parteien auf, ihren Streitfall durch solche Mittel zu regeln.

Angesichts einer großen Anzahl internationaler Konflikte und Delikte haben die Staaten jedoch nur selten die internationale Gerichtsbarkeit in Anspruch genommen[63]. Daran zeigt sich, daß die meisten Staaten der internationalen Gerichts- und Schiedsgerichtsbarkeit mit Zurückhaltung gegenüberstehen. Eine Anzahl von Staaten haben die Unterwerfung unter die Gerichtsbarkeit des IGH sogar generell abgelehnt[64]. Etwa nur 40 Staaten haben die Jurisdiktion des IGH für sich in Rechtsstreitigkeiten als obligatorisch anerkannt. Viele Staaten machten die Anerkennung jedoch von Vorbehalten abhängig, so daß die Anerkennung faktisch hinfällig wurde[65].

Die Schwäche des IGH liegt offensichtlich darin, daß es keine obligatorische Zuständigkeit, sondern nur eine fakultativ-obligatorische gibt, die ihrerseits noch durch Vorbehalte ausgehöhlt werden kann. Angesichts der Tatsache, daß ein Staat nicht verpflichtet ist, sich einem internationalen Spruchkörper zu unterwerfen und somit oft nicht gewillt ist, dieses freiwillig zu tun und daß kein zentrales internationales

---

State having jurisdiction over the person or persons responsible for the damage in question, a claim for the damage caused. If no settlement of the claim is arrived at through negotiations, the States concerned shall submit, at the request of either of them, the claim to arbitration or adjudication in accordance with a procedure to be determined by agreement or by a third party nominated by them. Draft Articles for a Comprehensive Marine Pollution Convention, in: OLM, 1973, S. 567.

[63] Der StIGH hat zwischen 1920 bis 1946 nur 32 Urteile gefällt und 26 Rechtsgutachten erstattet. Der IGH hat zwischen 1946 und 1972 32 Urteile gefällt und 14 Rechtsgutachten erstattet. Vgl. *Murty*, Settlement of Disputes, Manual of Public International Law, S. 698, 699. — „Gegenwärtig ist der Ständige Internationale Schiedshof faktisch untätig, da der letzte Fall (insgesamt der 24.), der einen unbedeutenden Streit über Leuchttürme zwischen Frankreich und Griechenland betraf, 1956 beendet wurde." *Lewin* und *Kaljushnaja*, S. 385.

[64] *v. Münch*, S. 274.

[65] *Lewin* und *Kaljushnaja*, S. 389.

7 Schwarzkopf

Durchsetzungsorgan für die Entscheidungen der Internationalen Gerichtsbarkeit bestehen, ist dem verletzten Staat der Weg zu einem
eigenständigen Vorgehen offen. Wie immer die Weigerung, seinen
Pflichten nachzukommen, begründet wird, dem Staat, der sein Recht
sucht, bleibt im Falle einer solchen Weigerung nichts anderes übrig,
als entweder zu resignieren oder zu versuchen, sein Recht einseitig
durchzusetzen. Die Möglichkeiten einer solchen einseitigen Durchsetzung sind seit dem Verbot der Anwendung oder Androhung von Gewalt[66] wesentlich eingeengt.

c) Anrufung anderer Internationaler Organe

Bevor der Staat jedoch zur Selbsthilfe schreitet, hat er zu prüfen, ob
alle friedlichen Mittel gem. Art. 33 SVN eingesetzt wurden. Falls man
dabei zu keiner Einigung kommt und weitere Unterlassungen völker-
rechtswidriger Handlungen verhindern kann, müssen die Parteien den
Streit gem. Art. 37 SVN dem Sicherheitsrat unterbreiten. Es gehört zu
seinen primären Aufgaben, den internationalen Frieden und die Sicherheit aufrechtzuerhalten (Art. 24 SVN) und sich somit auch an der Lösung wichtiger Informationskonflikte zu beteiligen. Daher kann der
Sicherheitsrat jede Streitigkeit sowie jede Situation, die zu internationalen Reibungen führen oder eine Streitigkeit hervorrufen könnte,
untersuchen, um festzustellen, ob die Fortdauer der Streitigkeit oder
der Situation die Wahrung des Weltfriedens und die internationale
Sicherheit gefährden könnte. (Art. 34 SVN) Der Sicherheitsrat kann
nicht nur, nachdem ihn ein Staat oder die Generalversammlung auf
einen Streitfall oder eine Situation lenkt (Art. 35 SVN), Empfehlungen
von Methoden zur Beilegung aussprechen, sondern auch selber eingrei-
fen. (Art. 36 SVN) Die Praxis der letzten 25 Jahren hat jedoch gezeigt,
daß häufig einer der fünf ständigen Mitglieder sein Veto zum Eingrei-
fen abgegeben hat und somit alle Sicherheitsinterventionen blockiert
hat. Dagegen läßt sich die Übereinstimmung aller fünf Mächte für eine
Empfehlung leichter zustande bringen. So empfahl der Sicherheitsrat
England und Albanien im Korfu-Kanal-Fall, den Streit vom IGH entscheiden zu lassen. Es war das erste Mal, daß der Sicherheitsrat den
IGH als Entscheidungsorgan vorgeschlagen hat[67]. Bei künftigen Informationsdelikten, die zu unlösbaren Streitigkeiten auf zwischenstaatlicher Ebene führen können, kann der Sicherheitsrat die Empfehlung,
den IGH anzurufen, wiederholen, falls keine Lösung durch die Anru-

---

[66] Art. 2 (4) SVN: Alle Mitglieder enthalten sich in ihren internationalen
Beziehungen der Drohung mit Gewalt oder der Gewaltanwendung, die gegen
die territoriale Unversehrtheit oder die politische Unabhängigkeit irgend
eines Staates gerichtet oder sonst mit den Zielen der Vereinten Nationen
unvereinbar ist.

[67] *Murty*, in Sørensen, S. 722.

fung regionaler Organe (Art. 33 I) zustande kommt. Bevor die verletzte Partei sich jedoch der völkerrechtlich erlaubten Sanktionsmittel bedient, sollte sie alles versuchen, um den Informationskonflikt durch eines der internationalen Institutionen lösen zu lassen.

Die Bedeutung und die Vorteile der internationalen Institution hob Murty hervor:

„Their chief advantages as agencies for the settlement of disputes are that they can furnish diplomatic channels of greater variety, and can offer to parties which respond well to their conciliatory measures the benefits of international co-operation in their respective fields. They can bring the attitude of the parties toward acceptance or rejection of a settlement, or to third party adjudication, under the influence of the opinion of the members, which is brought to a focus within the institution, and of public opinion outside[68]."

3. Sanktionsmittel

a) Weltmeinung

Kommt der verletzende Staat der Pflicht zur Wiedergutmachung nicht nach[69] und scheitert die friedliche Austragung von Streitigkeiten, so hat der verletzte oder bedrohte Staat zu prüfen, welche Sanktionsmittel geeignet sind, seine Forderung durchzusetzen. „Der verletzte Staat mag auf die Verletzung des Völkerrechts mit dem Abbruch der diplomatischen, wirtschaftlichen, kulturellen Beziehungen, mit der Verhängung eines Embargos oder eines Wirtschaftsboykotts, mit der Sperrung von Krediten, mit der Nichterfüllung oder der Kündigung von Verträgen antworten[70]." Diese diplomatischen, wirtschaftlichen und finanziellen Maßnahmen, selbst wenn sie im übrigen rechtswidrig wären, als Reaktion auf ein begangenes oder fortdauerndes Informationsdelikt (Unrecht) ist ein Zwang, der durch Art. 2 (4) SVN nicht verboten ist.

In den letzten 20 Jahren haben besonders die kleinen Staaten die Vereinten Nationen oder deren Organe, speziell den Sicherheitsrat, in Anspruch genommen, um sich gegen Verletzungen des Internationalen Rechts zur Wehr zu setzen. Im Falle von Bedrohungen des Friedens, bei Friedensbrüchen und Angriffshandlungen kann der Sicherheitsrat auf

---

[68] *Murty*, in Sørensen, S. 733.

[69] *Tunkin* stellt fest: „Sehr ausführlich wurden im völkerrechtlichen Schrifttum die Intervention, die Repressalie und schließlich der Krieg als Reaktion auf eine Völkerrechtsverletzung abgehandelt. Die Pflicht zur Wiedergutmachung wurde im Grunde als erste Stufe der Haftung betrachtet. Kam der verletzende Staat dieser Pflicht nicht nach, so waren Zwangsmaßnahmen, d. h. Sanktionen, gegen ihn zulässig." S. 427.

[70] *Dahm*, Bd. III, S. 267; vgl. auch *v. Glahn*, Law Among Nations, S. 55, 495 ff.

Antrag selbst zu Maßnahmen gem. Art. 39, 41, 42, 45 und 94 (2) SVN greifen, um somit den bedrohten Staaten Hilfe zu leisten.

Vor dem Forum der UN-Generalversammlung wurde und wird immer wieder versucht, eine Weltöffentlichkeit herzustellen, um durch eine Weltmeinung einen Druck auf jenen Staat auszuüben, der völkerrechtswidrig gehandelt hat. Daß die Meinung der Weltöffentlichkeit („world public opinion") eine Motivation zur Einhaltung des Völkerrechts sein kann[71], eine einschränkende Wirkung gegenüber Verletzungen ausübt sowie Anregungen zur Entstehung von neuen internationalen Aktionen und Verträgen geben kann, hat sich z. B. bei der Entstehung des Atomtestabkommens als auch bei der Beendigung des Vietnamkrieges gezeigt[72].

Aufgrund der modernen Massenmedien und der Technologie ist die Herstellung und Verbreitung einer Weltmeinung in einem unbeschränkten Maße möglich geworden. Weltweite Appelle an die Vernunft und das Selbstinteresse der Völkerrechtssubjekte zur Bekämpfung von Völkerrechtswidrigkeiten sind möglich geworden. Die Weltmeinung nimmt an Bedeutung immer mehr zu und kann neben den schärfsten Formen der völkerrechtlichen Sanktionen als Waffe eingesetzt werden.

Abgesehen von Krieg als Sanktion, der gem. Art. 51 SVN nur zur Selbstverteidigung geführt werden darf, existieren als äußerste Mittel der anerkannten völkerrechtlichen Sanktionen die Repressalie und der Selbstschutz, der sich bis zur Intervention ausdehnen kann.

b) Repressalie

Beschreitet ein Staat den nicht unbedenklichen Weg der Repressalie, die Erwiderung eines gegen ihn begangenen völkerrechtlichen Deliktes, um den deliktisch handelnden Staat zur Beendigung des rechtswidrigen Zustandes zu zwingen, so kann gerade die Erwiderung auf ein Informationsdelikt leicht zu noch größeren Schäden führen. Auch wenn die

---

[71] Vgl. v. Glahn, S. 52.

[72] „The weight of public opinion made itself felt all the time during the parliamentary work that preceded ratification of the Testban Treaty in the United States. Secretary of State Rusk testified that the United States had taken into account the instinctive impulse to put an end to pollution of the atmosphere and the earth shown by the whole of humanity. Prof. Teller said that the US could not carry out a greater number of tests in the atmosphere in 1961 - 1962 because public opinion would not have tolerated it." US Senate Hearings 1963, S. 11, 55; „The Generals, Commanders-in-Chief of the Army and Air Force also emphasised the importance of the political factor, that world public opinion represented, which in their opinion had to be taken into account by all military chiefs when they were trying to evaluate the advantages and disadvantages of the Treaty." US Senate Hearings 1963, S. 398, 399.

Androhung der Repressalie, die selbst eine Informationspflicht darstellt[73], vorangegangen ist, bestehen größte Bedenken gegen sie. Die
Erwiderung auf eine Informationsunterlassung gerade bei Gefahrenmeldungen kann nicht ausschließen, daß dritte unbeteiligte Staaten
dadurch verletzt werden. Derartige Vergeltungen eines Unrechts können nicht gerechtfertigt werden, da die Aufrechterhaltung des internationalen Verkehrs und dritte Staaten in unerträglicher Art und Weise
gefährdet wären. Hätte z. B. Großbritannien, nachdem zwei seiner
Kriegsschiffe im Korfu-Kanal auf Minen gelaufen waren, zur Repressalie anstatt zur Selbsthilfe (Beseitigung) gegriffen und selbst Minen
ohne Bekanntgabe im Kanal gelegt, so wären gewiß weitere menschlichen Verluste und Schäden entstanden. Informationsdelikte durch
Repressalien zu bekämpfen wäre ein unzumutbarer Zustand für den
gesamten neutralen Seeverkehr.

c) Selbstschutzmaßnahmen (Intervention)

Dagegen können Informationsverstöße oder Unterlassungen, die zu
erheblichen Gefahren führen, rechtfertigen, daß ein bedrohter oder
verletzter Statt zu Selbstschutzmaßnahmen greift. Solche Maßnahmen
sind nach geltendem Völkerrecht gerechtfertigt, „wenn es sich darum
handelt, eine augenblickliche und überwältigende Gefahr zu beseitigen,
die auf eine andere Art nicht aus dem Weg geräumt werden kann, so-
fern sich der Selbstschutz in den unbedingt notwendigen Grenzen
hält"[74].

Dieser Grundsatz, der vom Nürnberger Militärgerichtshof zugunsten
der Kriegführenden gegenüber den Neutralen bestätigt wurde[75], läßt
sich für die sofortige Beseitigung von drohenden See- und Umweltver-
seuchungsgefahren (z. B. durch Öltanker oder Reaktorschiffsunglücke,
durch den Bruch von Förderleitungen einer Bohrinsel) sowie für zusammenhängende und zukünftige Informationsdelikte anwenden.

aa) Intervention

Die Selbstschutzhandlung der Intervention unternahm England, als
es die Bombardierung des unter liberianischer Flagge fahrenden Groß-
tankers „Torrey Canyon" bei den Scilly-Inseln am 19. 3. 1967 anordnete,
um die drohende Ölverseuchung vor seiner Küste zu verhindern. Hätte
der englische Staat nicht so lange gezögert, das Schiff durch Bombardie-

---

[73] Vgl. *Seidl-Hohenveldern*, S. 293.

[74] *Verdross*, S. 429.

[75] „A government alleging self-defence must show a necessity of self-
defence, instant, overwhelming, leaving no choice of means and no moment
for deliberation." 29 British and Foreign State Papers, S. 1129 ff.; vgl. auch
41 AJIL, S. 205; *Brown*, The Legal Regime of Hydrospace, S. 142.

rung in Brand zu stecken, wäre der Schaden nicht so groß gewesen. So liefen über 80 000 Tonnen Rohöl ins Meer und bildeten einen driftenden Ölteppich von 100 km² Fläche, der etwa 300 km des Strandes entlang der britisch und französischen Küste verunreinigte und nur unter großem materiellen Aufwand beseitigt werden konnte[76].

Es ist abzusehen, daß mit zunehmendem Schiffs- und Öltankerverkehr bei immer größeren Gas- und Öltankern (von 100 000 bis 1 Million BRT) sich die Zahl der Zusammenstöße auf den Meeren und Wasserstraßen und somit die Gefahr einer Katastrophe vermehrt. Diese ständig drohenden Gefahren führten am 29. 11. 1969 zu der „International Convention Relating to Intervention on the High Seas in case of Oil Pollution Casualties", die zur Regelung der Intervention bei zukünftigen Öltankerunfällen geschaffen wurde.

Gem. Art. 1 dieser Konvention ist dem bedrohten Küstenstaat bei einer gravierenden und immanenten Gefahr (grave and imminent danger) für das Küstengebiet und den damit verbundenen Interessen (related interests) ein Recht zur Intervention gegeben. Art. 2 (4) gibt eine Definition für „related interests".

„The interests of a coastal State directly affected or threatened by the maritime casualty, such as:

(a) maritime coastal port or estuarine activities, including fisheries activities, constituting an essential means of livelihood of the persons concerned;

(b) tourist attractions of the area concerned;

(c) the health of the coast population and well-being of the area concerned, including conservation of living marine resources and of wild life[77]."

Die Voraussetzungen für die Intervention sind in Art. 3 und 4 festgelegt. Art. 3 sagt ausdrücklich:

(a) before taking any measures, a coastal State shall proceed to consultation with other States affected by the maritime casualty, particularly with the flag State or States;

(b) the coastal State shall notify without delay the proposed measures to any persons physical or corporate known to it during the consultations, to have interests which can reasonably be expected to be affected by those measures.

(f) measures which have been taken in application of Article 1 shall be notified without delay to the States and to the known physical or corporate persons concerned, as well as to the Secretary-General of the Organization. (IMCO)[78]

Durch die Aufforderung an die Staaten, sich gegenseitig zu informieren, will man offensichtlich Konfrontationen vermeiden, die durch

---

[76] *Haalck* und *Reintanz*, S. 119.

[77] ILM, Bd. IX, 1970, S. 26.

[78] ILM, Bd. IX, 1970, S. 27.

manche staatliche Maßnahme, wie z. B. die Bombardierung eines ge-
strandeten Öltankers, ausgelöst werden könnten. Bemerkenswert ist
weiterhin, daß der Küstenstaat alle natürlichen und Juristischen Personen, die von der Maßnahme betroffen sein können, sofort benachrichtigen muß. (Art. 3 b) Interessant ist diese genaue Unterscheidung zwischen natürlichen und Juristischen Personen, denn damit wird eine na-
türliche Person zum Empfänger einer staatlichen Nachricht, was im-
merhin noch eine Ausnahme in den internationalen Beziehungen ist.
Gewöhnlich ist der Staat Adressat der vereinbarten Information. Ihm
bleibt es dann überlassen, seinen Bürgern von der Gefahr Mitteilung
zu machen.

Ob und inwieweit ein Staat seine Bürger unterrichtet, hängt selbstverständlich von den innerstaatlichen Gesetzen und Auffassungen der
Regierenden ab. In den Fällen aber, wo ein Privatmann selbständig auf
See unterwegs ist und an einem Küstenstaat (der z. B. im Begriff ist,
eine Maßnahme gegen eine Ölverseuchung zu unternehmen) vorbei-
fährt, muß der Staat ihm gem. Art. 3 b der „International Convention
Relating to Intervention on the High Seas in case of Oil Pollution Casualties" über sein Vorhaben unterrichten. In solchen Fällen ist kaum
zu erwarten, daß er von seinem Heimatstaat rechtzeitig gewarnt
werden könnte. Auch wenn kein solcher Vertrag mit einer rechtzeitigen
Warnungspflicht besteht, kann ein Staat sie für seine Bürger unter
Berufung auf die Grundpflichten des Völkerrechts, wie z. B. die Pflicht
zur Respektierung der Existenz von Staat und Mensch, die Pflicht
den Verkehr auf Hoher See nicht zu behindern sowie die Pflicht zum
gemeinschaftsmäßigen Handeln, fordern.

Gem. Art. 5 (1) der Konvention müssen die intervenierenden Maßnahmen verhältnismäßig („proportionate to the damage actual or
threatened to") sein. Bei der Feststellung der Verhältnismäßigkeit
müssen das Ausmaß und die Wahrscheinlichkeit der immanenten Gefahren, falls keine Maßnahmen getroffen waren, sowie die effektive
Realisierbarkeit der getroffenen Maßnahmen berücksichtigt werden[79].

Weiterhin müssen die Maßnahmen auch gem. Art. 5 (2) erforderlich
(„reasonably necessary Test") sein[80].

Es ist wünschenswert, daß diese Konvention von allen Seefahrernationen und Küstenstaaten sofort unterzeichnet und ratifiziert wird.
Außerdem sollte in den künftigen Meeres- und Umweltschutzkonven-

---

[79] *Brown*, S. 153.

[80] „Such measures shall not go beyond what is reasonably necessary to
achieve the end mentioned in Article 1 and shall cease as soon as that end
has been achieved; they shall not unnecessarily interfere with the rights and
interests of the flag State, third States and of any persons, physical or
corporate, concerned." ILM, Bd. IX, 1970, S. 28.

tionen die Intervention bei Verseuchungsgefahren in ähnlicher Form geregelt werden.

Neben dem zunehmenden Luft-, Land- und Seeverkehr drohen zusätzliche Gefahren durch die Zunahme von Gas- und Ölbohrungen im Meeresbereich, in der Arktis und auf den Landflächen. Tausende von Kilometern Förderleitungen, deren Bruch durch ein Naturunglück, menschliches Versagen oder Zerstörung herbeigeführt werden kann, werden jährlich verlegt.

Das Ausmaß solch eines Bruches wurde vor der Kalifornischen Küste im Jahre 1969 deutlich, als eine Förderleitung einer Bohrinsel brach und sich ein Rohölteppich, der ein Seegebiet von 900 km² und 60 km Strand verschmutzte, bildete[81]. Daß auch hier die strikte Einhaltung der allgemeinen völkerrechtlichen Meldepflicht bei ernsten Gefahren von größter Bedeutung ist und Regelungen zur Intervention vertraglich geregelt werden müssen, steht fest.

bb) Benutzungsverbot der territorialen Hoheitsgewässer

Falls ein Staat die Informationspflichten zum Schutze und zur Sicherheit der Hoheitsgewässer oder zur Durchfahrt von Meerengen oder internationalen Wasserwegen nicht beachtet, kann der „Küstenstaat in seinem Küstenmeer die erforderlichen Maßnahmen treffen, um eine nicht friedliche Durchfahrt[82], wenn es für den Schutz seiner Sicherheit unerläßlich ist, zu verhindern"[83]. Bei Nichteinhaltung bestehender völkerrechtlicher oder innerstaatlicher Informationspflichten ist die Ordnung und Sicherheit gefährdet.

Art. 16 II des Übereinkommens über das Küstenmeer und die Anschlußzone bestimmt, daß „in Bezug auf Schiffe, die in innere Gewässer einlaufen, der Küstenstaat ferner berechtigt ist, die erforderlichen Maßnahmen zu treffen, um jede Verletzung der Bedingungen zu verhindern, unter denen solche Schiffe in diesen Gewässern zugelassen sind".

„In den Territorialgewässern sind sämtliche Seeverkehrsteilnehmer der Rechtsordnung des Küstenstaates unterworfen. Demgemäß sind auch die ausländischen Schiffe verpflichtet, die Gesetze und Vorschriften zu beachten, welche der Küstenstaat in Übereinstimmung mit der Regelung der friedlichen Durchfahrt und anderer Normen des Völkerrechts, insbesondere aber

---

[81] *Haalck* und *Reintanz*, S. 119.

[82] Gem. Art. 14 Abs. 4 des Übereinkommens über das Küstenmeer und die Anschlußzone gilt die Durchfahrt als friedlich, „solange sie nicht den Frieden, die Ordnung oder die Sicherheit des Küstenstaates beeinträchtigt. Die Durchfahrt hat gemäß diesen Artikeln und den anderen Regeln des Völkerrechts zu erfolgen".

[83] Vgl. Art. 16 I und III des Übereinkommens über das Küstenmeer und die Anschlußzone.

mit den Vorschriften des Transportwesens und der Schiffahrt erlassen hat (Art. 17 des Genfer Übereinkommens über das Küstenmeer und die Anschlußzone). Hierzu gehören u. a. die in den vorangehenden Abschnitten erörterten Fragen.

Die Anwendung der nationalen Rechtsordnung des Küstenstaates gegenüber den Fahrzeugen fremder Flaggen beinhaltet sowohl die erforderlichen Kontroll- und Vollstreckungsmaßnahmen als auch die Gerichtsbarkeit. Hierbei bleibt es dem Ermessen des Küstenstaates überlassen, wie er die entsprechenden Akte im Rahmen der bestehenden völkerrechtlichen Normativen konkret regelt und welchen Organen oder Einrichtungen er sie in den verschiedenen Bereichen überträgt. Bei der Geltendmachung der Aufsichtsrechte ist im übrigen auf die besondere Rechtsstellung einzelner Schiffskategorien Rücksicht zu nehmen[84]."

Selbst fremde Kriegsschiffe, die gegen die gesetzlichen Bestimmungen und Vorschriften des Aufenthaltsstaates verstoßen[85], können durch die Vertreter der örtlichen Organe auf die Gesetzesverletzungen aufmerksam gemacht werden. Im Falle eines ernsten und andauernden Verstoßes ist es allgemein üblich, die Aufmerksamkeit des Kommandanten auf die betreffenden Tatsachen zu lenken. Falls die Hinweise auf die Verletzungen der Bestimmungen unbeachtet bleiben, kann das Kriegsschiff veranlaßt und unter außerordentlichen Umständen nach Ablauf einer gesetzten Frist gezwungen werden, den Hafen zu verlassen[86]. Ein Kriegsschiff kann auch aufgefordert werden, alle Hoheitsgewässer des Aufenthaltsstaates zu meiden.

Art. 23 des Übereinkommens über das Küstenmeer und die Anschlußzone sagt ausdrücklich:

„Beachtet ein Kriegsschiff die Vorschriften des Küstenstaates über die Durchfahrt durch das Küstenmeer nicht und mißachtet es die Aufforderung, sich diesen Vorschriften zu fügen, so kann der Küstenstaat das Kriegsschiff auffordern, das Küstenmeer zu verlassen[87]."

Die Selbsthilfemaßnahmen dürfen weder aufgrund eines gerichtlichen Verfahrens noch irgend einer anderen rechtlichen Handhabe das Kriegsschiff zum Gegenstand einer Beschlagnahme, eines Arrestes oder einer Zurückhaltung machen[88].

---

[84] *Haalck* und *Reintanz*, S. 101.

[85] Nach sorgfältiger Untersuchung stellte das „Institut de Droit International" im Jahre 1928 fest, daß auch Kriegsschiffe die örtlichen Gesetze und Bestimmungen, insbesondere über die Schiffahrt, den Aufenthalt und über gesundheitspolizeiliche Maßnahmen in den Häfen und Gewässern, in die sie zugelassen werden, beachten müssen. Art. 26 der Entschließungen der Stockholmer Tagung des „Institut de Droit International", Annuaire, Bd. 34, S. 475 ff.

[86] *Colombos*, S. 214; *Haalck* und *Reintanz*, S. 211.

[87] *Berber*, Dokumentensammlung, Bd. I, S. 1341.

[88] Vgl. Art. 15 der Entschließungen der Stockholmer Tagung des „Institut de Droit International", Annuaire, Bd. 34, S. 475 ff.

Der verletzte Staat kann also die Durchfahrt eines Handels- oder Kriegsschiffes bei Nichteinhaltung der erforderlichen Informationspflichten untersagen und solche anerkannten völkerrechtlichen Selbstschutzmaßnahmen treffen, die er für erforderlich hält.

Um die Ausdehnung möglicher zwischenstaatlicher Konflikte zu verhindern, sollten die Staaten bei besonders bedrohlichen Gefahren, die nicht sofort bekanntgegeben wurden, in künftigen internationalen Abkommen genau festlegen, welche Konsequenzen ein solches Unterlassen zur Folge hat. Nur wenn das Unterlassen einer Informationspflicht schwerste Folgen auslöst, und wenn diplomatische Bemühungen oder die Einhaltung des Rechtswegs nicht zumutbar sind, ist das Recht zur Selbsthilfe gegeben. Es sollte soweit wie möglich vertraglich geregelt werden.

Der Wortlaut des Kanadischen Vorschlages über das Recht auf Intervention im Internationalen Abkommen zur Verhinderung der Meeresverseuchung ist in gegenwärtigen und künftigen Verträgen und Konventionen zur Sicherheit des Menschen und seiner Umwelt verwendbar.

Art. XI:

Any State facing grave and imminent danger from pollution or threat of pollution, following upon an incident or acts related to such an incident in areas beyond the limits of national jurisdiction, which may reasonably be expected to result in major consequences, may take such measures as may be necessary to prevent, mitigate or eliminate such danger.

Measures taken in accordance with this article shall be proportionate to the damage which threatens the State concerned and shall not go beyond what is reasonably necessary to achieve the objective referred to in paragraph 1[89].

Es wäre wünschenswert, wenn die künftigen internationalen Regelungen zur Bekämpfung und Einschränkung jeglicher Art besonders bedrohlicher Gefahren nicht nur die dazu nötigen Informationspflichten genauestens festlegen würden, sondern auch ihre Unterlassung als völkerrechtliches Verbrechen kennzeichnen und behandeln würden. Die Anerkennung der Informationsdelikte als Verbrechen würde ihnen eine größere internationale Aufmerksamkeit verleihen. Weiterhin wäre notwendig, daß sie eine ähnliche Strafverhängung für die Nichteinhaltung einer Informationspflicht aufstellen würden, wie z. B. Titel 33 § 1161 (b) 4 der U. S. Code of Federal Laws and Regulations.

„Any person in charge of a vessel or of an onshore facility or an offshore facility shall, as soon as he has knowledge of any discharge of oil from such vessel or facility in violation of paragraph (2) of this subsection, immediately notify the appropriate agency of the United States Government of such discharge. Any such person who fails to notify immediately such agency of

---

[89] ILM, Bd. XII (1973), S. 568.

such discharge shall, upon conviction, be fined not more than $ 10 000, or imprisoned for not more than one year, or both. Notification received pursuant to this paragraph or information obtained by the exploitation of such notification shall not be used against any such person in any criminal case, except in a prosecution for perjury or for giving a false statement[90]."

Für das moderne Völkerrecht muß es jedoch eine Strafverhängung bei Unterlassen einer Meldepflicht geben, die sich auf alle Informationspflichten zur Verhinderung von Gefahren und Schäden bezieht. Sie sollte dem verletzten Staat die Möglichkeit eines vertraglich vorgeschriebenen Rechtsweges zur sofortigen Wiedergutmachung und zur Bestrafung der verantwortlichen Person geben.

Ein vereinbarter völkerrechtlicher Rechtsweg würde nicht nur Verzögerungen verhindern, die z. B. bei drohenden Gefahren verhängnisvoll sein können, sondern würde auch zur Sicherheit und Stabilität beitragen[91]. Auch eine vertragliche Vereinbarung, die in besonders

---

[90] In US-Gesetze, Titel 33, Navigation and Navigable Waters, US Code Annotated 1970, S. 674.

[91] Folgende Artikel des kanadischen Vorschlages zur Bekämpfung der Meeresverseuchung könnten ergänzend in bestehende oder zukünftige Konventionen übernommen werden:

Art. VII (Compensation for damage)

1. States are liable for damage caused in or to areas under the jurisdiction of other States, including the environment of other States, by pollution of the marine environment attributable to them, and they shall co-operate in the development of international law relating to procedures for the assessment of damage, the determination of liability, the payment of compensation and the settlement of related disputes.

2 b. Following the exhaustion of local remedies or where no such recourse is available, the State of the damaged party may present to the State having jurisdiction over the person or persons responsible for the damage in question, a claim for the damage caused. If no settlement of the claim is arrived at through negotiations, the States concerned shall submit, at the request of either of them, the claim to arbitration or adjudication in accordance with a procedure to be determined by agreement or by a third party nominated by them.

Art. VIII (Abatement)

In the case of damage caused by pollution of the marine environment in areas beyond the limits of national jurisdiction a State or group of States, in co-operation with any competent international organization or agency or otherwise, may present to the State under whose jurisdiction or control the activities causing such pollution were conducted, through diplomatic channels, a request for the termination or restriction of such activities and the restoration of the damaged environment.

Art. IX (Minimization)

A State which becomes aware of circumstances where the marine environment is in imminent danger of being damaged or has been damaged by pollution shall notify other States likely to be affected by such damage and these States shall co-operate in taking measures to minimize damage.

Art. X (Enforcement)

1. States may enforce measures adopted pursuant to this Convention for the protection and preservation of the marine environment within the limits of

drohenden Fällen den Rahmen der Selbsthilfemaßnahmen abstecken würde[92], ist den unberechenbaren und schrankenlosen Selbstschutzmaßnahmen eines Staates vorzuziehen.

Zusammenfassend kann man sagen:

Inwieweit die erwähnten Informationspflichten zum Schutz und zum Fortbestehen von Staat und Mensch beitragen werden, hängt nicht zuletzt davon ab, wie konsequent die Staaten und Internationalen Organisationen die Pflichten einhalten und Verletzungen verfolgen werden.

Durch die wachsende Macht der Weltöffentlichkeit und aufgrund Bemühungen internationaler Organe kann ein effektiver Beitrag zur Entstehung von multilateralen Verträgen und zur Entschärfung eines Streites oder einer Krise, die durch völkerrechtliche oder vertragliche Verletzungen ausgelöst wurden, geleistet werden.

Weiterhin sollten die zukünftigen internationalen Verträge zuständige Organe Internationaler Organisationen bestimmen (z. B. bei Umwelt- und Verseuchungsgefahren die UN-Umweltschutzbehörde und die IMCO), die auf Anfrage eines betroffenen Staates eingeschaltet werden können, um somit mögliche internationale Hilfe und Aufmerksamkeit auf das vorliegende Problem oder die Verletzung zu lenken.

---

their national jurisdiction, including environmental protection zones (maximum limits for the purpose of this Convention to be determined and expressed in this Convention) adjacent to their territorial sea.
2. Where vessels or aircraft registered in one State are in areas within the limits of national jurisdiction of another State, including environmental protection zones, the State or registry shall also have the duty to ensure compliance with the measures adopted pursuant to this Convention for the protection and preservation of the marine environment in such areas.
Draft Articles for a Comprehensive Marine Pollution Convention, in: ILM, Bd. XII, S. 567, 568.

[92] Art. XI (Right of Intervention)
1. Any State facing grave and imminent danger from pollution or threat of pollution, following upon an incident or acts related to such an incident in areas beyond the limits of national jurisdiction, which may reasonably be expected to result in major consequences, may take such measures as may be necessary to prevent, mitigate or eliminate such danger.
2. Measures taken in accordance with this article shall be proportionate to the damage which threatens the State concerned and shall not go beyond what is reasonably necessary to achieve the objective referred to in paragraph 1.

F. Ergebnis der Untersuchung

Das Ergebnis der hier untersuchten Informationspflichten im internationalen Seerecht zeigt, daß die Staaten in Fällen höchster Gefahr, wenn schwere Schäden drohen, verpflichtet sind, andere Staaten über sie zu informieren. Diese Verpflichtung entstand aufgrund der Praxis der überwiegenden Mehrzahl der sachlich beteiligten Staaten, die sich zum Völkergewohnheitsrecht entwickelt hat, in vielen Fällen sogar vertraglich festgelegt wurde.

„Was das Gewicht, das den verschiedenen Beweisquellen zukommt, (z. B. Staatsverträge, Entscheidungen internationaler Gerichte) anbetrifft, so kann man sich wohl auf das Bestehen einer Norm des internationalen Rechts dann berufen, wenn sie von den bedeutendsten seefahrenden Nationen allgemein anerkannt ist, ohne daß es notwendig wäre, im einzelnen nachzuweisen, daß alle Staaten ohne Ausnahme diese Norm als verbindlich ansehen[1].“

Die bestehenden Verpflichtungen der Staaten, einen Krieg zu erklären, eine Blockade bekanntzugeben oder eine Notifikation über die Verwendung von Minen abzugeben, zeigen deutlich, daß sich die Staaten hier auf Informationspflichten einigen konnten, um ihre eigenen und die Güter der neutralen Staaten vor Sachschäden zu bewahren, um Menschen zu schützen und um zwischenstaatliche Konflikte zu vermeiden. Wären die Staaten nicht bereit, sich gegenseitig über solche gravierenden Vorkommnisse zu informieren, müßten sie mit schweren menschlichen und materiellen Verlusten rechnen, die sich kein Staat auf die Dauer leisten kann. Somit liegt es im Interesse eines jeden Staates, den Mindestverpflichtungen in solchen Fällen nachzukommen.

Die Untersuchung der Informationspflichten, die der Sicherheit des Staates und dem friedlichen Seeverkehr dienen, hat gezeigt, daß die Staaten die Notwendigkeit von solchen Pflichten bei Benutzung der Meere, Meeresengen, Küstengewässer und Flüsse erkannten. Daraus resultierte z. B. die Identifikationspflicht, die zu den ältesten anerkannten völkerrechtlichen Pflichten der Staaten zählt.

Die Praxis der Staaten hat weiterhin bewiesen, daß nicht nur die Identifizierung, sondern auch die Bekanntgabe eigenmächtiger Änderungen internationaler Verkehrsregeln Sicherheit des Staates und friedlichen Seeverkehr garantieren. Jeder Staat hat ein unmittelbares Interesse zu wissen, ob er sich z. B. auf die vereinbarten Seezeichen und

[1] *Colombos*, S. 5.

Markierungen verlassen kann. Die Staaten, die nicht vertraglich verpflichtet sind, eigenmächtige Abweichungen zu melden, sind gewohn-
heitsrechtlich verpflichtet, sie bekanntzugeben.

Das Interesse, in Sicherheit zu leben und miteinander zu verkehren
sowie die Bürger und deren Eigentum vor Gefahren zu schützen, steht
bei allen Staaten im Vordergrund. Deshalb sind auch diese Informationspflichten zwischen den verschiedenen politischen Systemen verein-
bar. Sie sind unabhängig vom sozialen und politischen Hintergrund des
Rechts und können somit von allen Rechtssystemen uneingeschränkt
anerkannt werden. Es sind Pflichten, die dem Völkerrechtssystem im-
manent sind.

Die Rolle einer überstaatlichen Informationspflicht als bedeutende
Stütze und Hilfe zur Verwirklichung sämtlicher Ziele von Konventionen, die sich mit dem Schutz des Menschen, dessen Eigentum und mit
der Umwelt befassen, gewinnt in zunehmendem Maße an Bedeutung in
einer immer mehr abhängig werdenden Welt.

Wichtig ist, daß die bereits bestehenden Informationspflichten zur
Lösung gegenwärtiger und zukünftiger Probleme schnellstens erweitert werden müssen. Ähnlich wie viele Grundsätze und Pflichten des
Seerechts zur Entwicklung und Regelung des Luftrechts beigetragen
haben, könnten die im Seerecht aufgestellten Informationspflichten
analog auf andere Völkerrechtsgebiete angewendet werden, wo es auch
auf rechtzeitige Erkennung von Gefahren ankommt und bisher kein
obligatorischer Informationsaustausch besteht, da die Staaten jene Gefahren bisher unterschätzt haben.

Eine Untersuchung der Informationspflichten im Seefriedens- und
Seekriegsrecht haben deutlich gezeigt, wie wichtig die speziellen Angaben sowie der genaue Zeitpunkt der Information zur Erreichung der
gesetzten Ziele sind. Nur detaillierte und rechtzeitige Übertragungen,
die von der Mehrzahl der Staaten anerkannt und eingehalten werden,
ermöglichen den wirksamsten Schutz gegen bestehende oder drohende
Gefahren.

Die Staaten zeigen bei unbedeutenderen Schäden und Nachteilen
geringere Bereitschaft, Informationspflichten, vor allem mit politischen
Gegnern, einzugehen. Bei politisch Gleichgesinnten kommt es eher zu
einem Informationsaustausch, der sogar von Jahr zu Jahr zunimmt. Es
handelt sich jedoch dabei vorwiegend um bi- und multilaterale Informationspflichten mit verschiedenen Zielen zur Stärkung und Weiterentwicklung der Wirtschaft[2], Wissenschaft[3] und Politik[4].

---

[2] Vgl. z. B. Art. 46 und 47 des Vertrages über die Gründung der Europäischen Gemeinschaft für Kohle und Stahl, 18. 4. 1951, BGBl. 1952 II, S. 447;

Jedoch ist immer nur eine beschränkte Anzahl von Staaten an solche Informationspflichten gebunden, so daß man hier nicht von Gewohnheitsrecht oder einem allgemeinen völkerrechtlichen Grundsatz sprechen kann. Es bleibt daher bei dem Ergebnis, daß nur dann, wenn schwerste Gefahren und Schäden einen Staat im Meeresbereich bedrohen, von einer völkerrechtlichen Informationspflicht gesprochen werden kann.

Aufgrund der immer wieder auftauchenden vertraglichen oder gewohnheitsrechtlichen Informationspflicht kann man sogar von einem allgemeinen völkerrechtlichen Grundsatz der Informationspflicht sprechen, wenn es um außergewöhnlich schwere Schäden geht. Dieser Grundsatz kann in allen Bereichen der Völkerrechtsordnung ergänzend wirken und somit dazu beitragen, bedrohliche Informationslücken im internationalen Verkehr zu schließen. Besonders für plötzlich auftretende Ereignisse im internationalen Leben, die weder vom Gewohnheits-, noch vom Vertragsrecht geregelt sind, würde dieser Grundsatz geeignet sein, Abhilfe zu schaffen.

Würde z. B. ein chemikalisches Gift in einem internationalen Fluß, aus dem andere Staaten ihr Trinkwasser entnehmen oder in Küsten-

Art. 3 (a) des Übereinkommens über die Organisation für Wirtschaftliche Zusammenarbeit und Entwicklung, 14. 12. 1960, BGBl. 1961 II, S. 1151;
Art. 72 und Art. 111 (5) des Vertrages zur Gründung der Europäischen Wirtschaftsgemeinschaft, 25. 3. 1957, BGBl. 1957 II, S. 1014;
Art. 2 (b) der Economic Community of Eastern Africa: Terms of Association, 4. 5. 1966, ILM, Bd. V, 1966;
Art. 12 (a - e) des Agreement for Economic Unity among Arab League States, 30. 4. 1964, ILM, Bd. III, 1964.
[3] Vgl. Art. 3 des Übereinkommens zwischen der BRD, Holland und Großbritannien über die Zusammenarbeit bei der Entwicklung und Nutzung des Gaszentrifugenverfahrens zur Herstellung angereicherten Urans, 4. 3. 1970, BGBl. 1971 II, S. 929;
Art. X (2) des Freundschafts-, Handels- und Schiffahrtsvertrages zwischen der BRD und den USA, 29. 10. 1954, BGBl. 1956 II, S. 487;
Art. 36 des Protocol of Amendment to the Charter of the Organization of American States, 27. 2. 1967, ILM, Bd. VI, 1967;
Art. 1 (g und j) des Abkommens zwischen der Regierung der Tschechoslowakischen Republik und der Regierung der Deutschen Demokratischen Republik über die wirtschaftliche und technisch-wissenschaftliche Zusammenarbeit, 16. 6. 1960, 415 UNTS, 249;
Art. VIII der Satzung der Organisation der UN für Erziehung, Wissenschaft und Kultur, 16. 11. 1945, 4 UNTS 275.
[4] Art. XX und XXI des Agreement between Kuwait and Saudi Arabia to Partition the Neutral Zone, 7. 7. 1965, ILM, Bd. IV, 1965; Teil I, Art. 1 II des Vertrages zwischen der BRD und der Französischen Republik über die deutsch-französische Zusammenarbeit, 22. 1. 1963, BGBl. 1963 II, S. 707;
Art. 11 des Friendship Treaty between the CSSR and USSR, 6. 5. 1970, ILM, Bd. IX, 1970;
Art. 10 des Ethiopian-Sudan Agreement on the Prevention of Subversive Activities, 28. 7. 1965, ILM, Bd. IV, 1965.

gewässern bemerkt werden, müßte jedes Völkerrechtssubjekt sofort darüber Meldung an alle möglichen Betroffenen machen. Bei einer Unterlassung und deren Nachweis sollte der Staat oder der einzelne, die von der Gefahr Kenntnis hatten, zur Verantwortung gezogen werden. Der verletzte Staat könnte sich dann bei der Geltendmachung von Schadensersatzforderungen auf diesen völkerrechtlichen Informationsgrundsatz berufen, der sich aus der Staatenpraxis entwickelte. Nach wie vor ist folgende Auffassung des IGH maßgebend:

„... It is true, as international practice shows, that a State on whose territory or in whose waters an act contrary to international law has occurred, may be called upon to give an explanation. It is also true that State cannot evade such a request by limiting itself to a reply that it is ignorant the circumstances of the act and of its authors. The State may, up to a certain point, be bound to supply particulars of the use made by it of the means of information and inquiry at its disposal[5]."

---

[5] Korfu-Kanal-Fall, ICJ Reports 1949, Bd. I, S. 18.

G. Schlußwort

In den letzten 25 Jahren seit Bestehen der Vereinten Nationen und ihrer Sonderorganisationen gab es viele Änderungen und Fortschritte, die sich auch auf dem Informationssektor bemerkbar machten. Aufgrund der neueren Kommunikationsmittel, der Technik und der schnelleren Verkehrsmittel sowie dem gemeinsamen Interesse zur Erhaltung des Friedens sind die Staaten miteinander enger in Berührung gekommen. Dadurch nahm u. a. die Bedeutung und Notwendigkeit des Informationsaustausches zu. Die Völkerrechtssubjekte sahen ein, daß es ohne ständige Koordination und intensiven Erfahrungsaustausch zu keinem reibungslosen Informationsfluß zwischen den einzelnen Rechtssubjekten kommen konnte[1]. So bemühten sie sich um einen größeren Informationsaustausch und stellten in bi- und multilateralen Verträgen eine Reihe von neuen Informationspflichten auf[2]. Sie sind jedoch oft nur Einzelerscheinungen, die aber ausbaufähig sind, leider jedoch bisher von zu wenigen Staaten akzeptiert wurden. Ein Teil dieser Informationspflichten auf dem Gebiet des Seerechts konnte hier berücksichtigt werden. Andere völkerrechtliche und nationale Informationspflichten außerhalb des Seerechts und des Umweltschutzes mußten ausgeklammert werden, da sonst der Rahmen der Arbeit gesprengt worden wäre.

Bei der Untersuchung von Informationspflichten im Völkerrecht hat sich immer wieder gezeigt, daß ein großer Mangel an staatlicher Kooperation und Koordination besteht. Wie schon hervorgehoben, existierte eine Bereitschaft zur Kooperation nur dann, wenn es um die Bekannt-

---

[1] *Simitis*, Informationskrise des Rechts, S. 161.

[2] z. B.:

a) über vertragstechnische Angelegenheiten,
b) im diplomatischen Bereich über die Neueinstellung, Abberufung oder Ausweisung der staatlichen Vertreter und ihres Personals,
c) über die politische Zusammenarbeit,
d) in Fällen von Beistands- und Verteidigungspakten,
e) zur Förderung des kulturellen Austausches und der Verständigung,
f) zur Weiterentwicklung der wissenschaftlichen und technischen Kooperation,
g) zum Aufbau der Wirtschaft sowie Vergrößerung des Handelsverkehrs,
h) zum reibungslosen Ablauf des Land-, Luft- und Seeverkehrs,
i) zur Erleichterung und Regelung des Fernmeldeverkehrs,
j) zur Aufrechterhaltung und Verwirklichung der Ziele und Aufgaben in den von ihnen gegründeten internationalen Organisationen,
k) zum Schutze der menschlichen Gesundheit,
l) zur Bekämpfung von Verbrechen (z. B. Rauschgifthandel).

gabepflichten der gefährlichsten Ereignisse ging. Soweit es sich dagegen um Informationspflichten handelt, die einen Beitrag zur Aufklärung oder Lösung von nicht eklatanten Gefahren leisten sollen, kommt nur selten eine Einigung zustande, da die politischen und wirtschaftlichen Interessen der Staaten dem entgegenstehen.

Die Ignoranz, Indifferenz und Ohnmacht der Staaten hat sich gerade in jüngster Zeit wieder einmal offenbart. Als im Juni 1972 auf der Stockholmer Umweltschutzkonferenz der UN eine Bestimmung, die die Staaten verpflichtet, anderen Staaten die nötige Information über alle Handlungen, die die Umwelt jenseits ihres Hoheitsgebietes schädigen könnte, vorgeschlagen wurde, wurde sie leider von einigen Staaten abgelehnt, so daß sie dann im ganzen nicht angenommen wurde. Trotz allem ist ihr Wortlaut für die Weiterentwicklung der Informationspflichten von Bedeutung, da sie zeigt, wie weit die Pflicht eigentlich gehen müßte, um z. B. das Verseuchungsproblem zu meistern.

„Relevant information must be supplied by States on activities or developments within their jurisdiction or under their control whenever they believe, or have reason to believe, that such information is needed to avoid the risk of significant adverse effects on the environment in areas beyond their national jurisdiction[3]."

Ohne eine derartige oder ähnliche Pflicht auf dem Umweltschutzsektor und anderen völkerrechtlichen Bereichen fehlt es an nötiger Information. Jede Entscheidung und Lösung würde dadurch erschwert werden. Weiterhin besteht die Möglichkeit eines nicht wieder gutzumachenden Fehlers, der schwere Konsequenzen nach sich ziehen kann. Dann genügt nicht mehr, daß die Staaten sich im Prinzip über die Verantwortlichkeit bei Schadensfolgen einig sind, wie die Stockholmer Umweltschutzkonferenz im Jahre 1972 gezeigt hat. In den angenommenen Art. 17 und 25 werden sogar die Verantwortlichkeiten der einzelnen Staaten für die gemeinsame Umwelt beschrieben und Postulate für die internationale Zusammenarbeit aufgestellt.

Auch China zeigte seine Bereitschaft für eine internationale Zusammenarbeit zur Erhaltung der Umwelt. Der Leiter der chinesischen Delegation, Tang Ke, drückte in seiner Rede am 10. 6. 1972 vor der Vollversammlung der UN-Umweltschutzkonferenz seine tiefe Besorgnis aus. Er sagte:

„Die Erhaltung und Verbesserung der menschlichen Umwelt und der Kampf gegen die Verunreinigung sind eine dringende und lebenswichtige Aufgabe zur Sicherung der gesunden Entwicklung geworden[4]."

---

[3] Draft Declaration on the human environment, UN Conf. on the human environment, A/Conf. 48/4.
[4] Peking Rundschau, 20. 6. 1972, S. 6.

Weiterhin legte der Sprecher der chinesischen Delegation in einem Interview Chinas zehn Hauptprinzipien für die Abänderung der „Deklaration über die menschliche Umwelt" dar. Der Wortlaut von Punkt 8 läßt deutlich erkennen, daß China einen obligatorischen Informationsaustausch sowie Handlungen von Seiten der UN zur Verfolgung dieses Zieles unterstützen würde.

„Alle Regierungen müssen sich bemühen, Wissenschaft und Technik für die Erhaltung und Verbesserung der Umwelt anzuwenden und zu entwickeln. Fortgeschrittene wissenschaftliche und technische Erkenntnisse auf diesem Gebiet dürfen nicht von ein oder zwei Ländern monopolisiert werden, sondern müssen popularisiert und kostenlos den bedürftigen Ländern, insbesondere den Entwicklungsländern, zur Verbesserung der menschlichen Umwelt zur Verfügung gestellt werden[5]."

Es ist sehr wahrscheinlich, daß ohne eine weltweite Umweltaktion und strengste Einhaltung der Informationspflichten ein kaum mehr reparabler Schaden entstehen wird. Als die FAO drei Jahre zuvor (1969) die Verschmutzung der Meere diskutierte, meinte Sidney Holt resignierend:

„Die zur Vergiftung beitragenden Verbindungen nehmen wesentlich schneller zu, als wir sie überhaupt in Erfahrung bringen können[6]."

Die Situation, wie sie auf dieser Konferenz geschildert wurde, war so alarmierend, daß die FAO beschloß, ein weiteres, mehr technisch orientiertes Meeting im Dezember 1970 zu organisieren. Durch einen Informationsaustausch erhofft man eine Art Warnsystem zu schaffen, um Verunreinigungen möglichst früh festzustellen und sie genau zu lokalisieren[7].

Die fast zwanzigjährige Entwicklung der Informationspflichten in den Ölkonventionen zeigt, wie lange es dauerte, bis die Staaten bereit waren, allgemein verbindliche Informationspflichten mit verschiedenen Zielen in den Konventionen zu verankern.

U Thant schrieb im Jahre 1969:

„Ich will die Zustände nicht dramatisieren. Aber nach den Informationen, die mir als Generalsekretär der Vereinten Nationen zugehen, haben nach meiner Schätzung die Mitglieder dieses Gremiums noch etwa ein Jahrzehnt zur Verfügung, ihre alten Streitigkeiten zu vergessen und eine weltweite Zusammenarbeit zu beginnen, um das Wettrüsten zu stoppen, den menschlichen Lebensraum zu verbessern, die Bevölkerungsexplosion niedrig zu halten und den notwendigen Impuls zur Entwicklung zu geben. Wenn eine solch weltweite Partnerschaft innerhalb der nächsten zehn Jahre nicht zustande kommt, so werden, fürchte ich, die erwähnten Probleme derartige Ausmaße erreicht haben, daß ihre Bewältigung menschliche Fähigkeiten übersteigt[8]."

---

[5] Peking Rundschau, 27. 6. 1972, S. 13.
[6] In: *Taylor*, S. 133.
[7] Ebenda.
[8] In: *Meadows*, Die Grenzen des Wachstums, S. 11.

Die Lösung der Probleme und der nötige Impuls, von denen U Thant sprach, kann und muß durch einen freiwilligen oder obligatorischen Informationsaustausch auf allen völkerrechtlichen Ebenen zwischen Völkerrechtssubjekten untereinander vorangetrieben werden. Auch die Verfasser des MIT-Projektes waren dieser Meinung. In dem Ergebnis ihrer Untersuchung betonten sie u. a. den Bedarf an Information.

„Um die Übergangsphase in den Griff zu bekommen, sind noch sehr viel mehr Informationen und Daten erforderlich. Bei der Sichtung der Daten für unser Weltmodell ist uns bewußt geworden, wie stark weiteres Tatsachenmaterial benötigt wird, wissenschaftlich meßbare Daten, für die es bis jetzt noch keine Messungen gibt. Die wichtigste Wissenslücke besteht bis jetzt beim Problem der Umweltverschmutzung. Wie lange benötigt ein bestimmter Schadstoff von der Emission bis zur Aufnahme in den menschlichen Körper? Wie wirken verschiedenartige Schadstoffe im menschlichen Körper zusammen? Welche Langzeitwirkungen haben niedrige Dosierungen? Auch genauere Informationen über den Ablauf der Bodenerosion und über die Erschöpfung von Kulturland unter intensiven modernen Bebauungsmethoden sind erforderlich[9]."

Das sind nur einige der vielen Probleme im sozialen Bereich und im Umweltschutz, die in der kurzen Zeit, die noch zur Verfügung steht, gelöst werden müssen. Nur durch einen sofortigen, weltweiten Informationsaustausch, der von der UN und ihren Sonderorganisationen geleitet werden könnte, kann das menschliche Bewußtsein und ihr Wille zum Handeln geweckt werden.

Ein enormer weltweiter Aufklärungsprozeß ist notwendig, um die materiellen Bedürfnisse einzuschränken und die menschlichen Werte zu ändern, so daß noch größere Schäden verhindert werden[10].

Informationspflichten auf allen Bereichen sind unbedingt für eine konkrete und abgestimmte Zusammenarbeit der Völkerrechtssubjekte erforderlich. Durch Informationsübertragungen kann die Weltöffentlichkeit jederzeit über Gefahren mit ihren Folgen informiert werden, so daß auch der einzelne von ihnen unterrichtet ist und sich selber für die Lösung der Probleme einsetzen kann[11].

---

[9] In: *Meadows*, S. 161, 162.

[10] „Die wichtigsten Hintergrundinformationen, die noch fehlen, beziehen sich auf die menschlichen Werte und Wertmaßstäbe. Sobald eine Gesellschaft erkennt, daß sie nicht alles für jedermann maximal zur Verfügung stellen kann, muß sie wählen: Will sie mehr Menschen oder mehr Wohlstand, mehr ursprüngliche Natur oder mehr Kraftwagen, mehr Nahrung für die Armen oder mehr Dienstleistungen für die Reichen? ...". *Meadows*, S. 162.

[11] „Viele sind der Ansicht, daß das künftige Schicksal der Menschheit, vielleicht sogar das Überleben der Menschheit selbst, davon abhängt, wie rasch und wie wirksam weltweit diese Probleme gelöst werden. Dennoch ist nur ein winziger Teil der Menschheit aktiv darum bemüht, diese Probleme überhaupt erst zu verstehen und nach Lösungsmöglichkeiten zu suchen." *Meadows*, S. 11; *Strong*, S. 704, wo er von der „societal decision-making" Rolle und dem Beitrag zum Umweltschutz des einzelnen spricht.

Es ist zu hoffen, daß es aufgrund zwischenstaatlicher Gemeinsam-
keiten leichter sein wird, einen Mehrheitsbeschluß der Staaten zu erreichen, der zur Lösung dieses bedeutenden internationalen Problems
führt[12]. Die Erhaltung und Säuberung der Umwelt ist zum gemeinsamen Interesse („common interest") der Staaten geworden und fordert
somit auch einen Fortschritt in der Erweiterung völkerrechtlicher Informationspflichten.

Weiterhin sollten die Völkerrechtssubjekte die Verletzungen der bestehenden Informationspflichten zum Schutze und zur Warnung vor
ernsten Gefahren nicht nur als ein internationales Verbrechen, sondern
auch als Aggression gegen die Menschen deklarieren. Eine bewußte,
irreführende Informationsabgabe oder eine Unterlassung von Informationen über drohende Gefahren kann zu den „aggressiven Verletzungen
der Meeresfreiheit und ähnlichen Störungen" gehören, die nach Haalck
und Reintanz von allen Staaten bekämpft werden müssen. Nach ihrer
Auffassung ist es eine „der wichtigsten Pflichten aller am Seeverkehr
beteiligten Staaten, aggressive Verletzungen der Meeresfreiheit und
ähnliche Störungen auszuschalten"[13]. Ein Staat, der es nicht unterläßt,
mit atomaren, chemischen oder biologischen Stoffen zu experimentie-
ren oder nicht die strengsten Sicherheitsmaßnahmen für die Verwendung des Transportes sowie die Beseitigung hochgefährlicher Arten
von Materialien sorgfältig trifft, verhält sich unverantwortlich. Solch
ein Verhalten kann als eine Art internationaler Aggression betrachtet
werden (aggression through pollution), da die weitere Existenz von
Lebewesen aller Arten kurz oder langfristig in Frage gestellt wird.

Ob die gegenwärtigen oder geplanten Bemühungen auf dem Gebiet
der Umweltversuchungen und des Naturschutzes rechtzeitig[14] das
Schlimmste verhindern können, ist sehr fraglich.

---

[12] Die Anerkennung der gemeinsamen Interessen zeigte sich in neuester
Zeit, als 113 Staaten in der Umweltdeklaration von Stockholm folgende
Prinzipien festlegten: „Man has the fundamental right to freedom, equality
and adequate conditions of life in an environment of a quality that permits
a life of dignity and well-being." He bears „a solemn responsibility to pro-
tect and improve the environment for present and future generations". And
States have „the responsibility to ensure that activities within their jurisdiction or control do not cause damage to the environment of other states
or of areas beyond the limits of national jurisdiction". Nach Angaben von
Strong liegt 70 % der Weltoberfläche außerhalb nationaler Jurisdiktion.
Strong, Foreign Affairs, 1973, Bd. 51, S. 698.

[13] *Haalck* und *Reintanz*, S. 116, 117.

[14] *Taylor* kam in seiner Untersuchung des Umweltschutzes zu folgendem
Schluß: „Unser Feind ist die Zeit. Die Frage ist nicht: können wir mit den
Problemen fertig werden?, sondern: können wir in der Zeit, die uns noch
zur Verfügung steht, damit fertig werden? Oder ist es bereits zu spät?", S. 25;
vgl. auch *Klotz*, Are Ocean Polluters Subject to Universal Jurisdiction —
Canada Breaks the Ice, in: The International Lawyer, Bd. 6 (1972), S. 707,
708; vgl. *Carson*, Silent Spring, S. 6.

Berkner meint dazu, „daß die Menschheit ihre überkommenen Vor-
stellungen und Gewohnheiten kaum ändert, es sei denn, man übt un-
widerstehlichen Zwang aus: „Ich fürchte, daß der einzige wirksame
Zwang Hunger, Krankheit, Brutalität und Tod sein wird. Wenn das
alles über uns kommt, dann kann man von der Endzeitkatastrophe
sprechen[15].“

Das oberste Gebot des Völkerrechts von heute, den Frieden als auch
die Souveränität der Staaten zu erhalten, ist nicht mehr die wichtigste
Aufgabe. Die wichtigste Aufgabe ist nun, der Umweltverseuchung Einhalt zu gebieten, damit die Erde für Menschen bewohnbar bleibt.

Angesichts dieser Lage sollte der UN-Generalsekretär zur Verwirklichung des völkerrechtlichen Informationsaustausches sowie der genannten Ziele nicht mehr allzuviel Rücksicht auf die Auffassungen,
Souveränitäten und nationalen Bedürfnisse der Staaten nehmen. In
solchen Fällen könnte er sich z. B. auf Art. 1 Absatz 3 der SVN[16] sowie
vieler UN-Bemühungen stützen. Nur drastische Versuche und Handlungen der UN zur Rettung der Umwelt versprechen eine weltweite
Aufmerksamkeit und Aktion, da selbst die bestehenden übernationalen
Konventionen bis heute dieses Problem nicht bewältigt haben[17]. Das
Risiko, den gesamten UN-Apparat im Interesse des Kampfes gegen die
zunehmende Verseuchung auf sich zu nehmen, muß gewagt werden,
wenn die gegenwärtigen Meeresumweltkonventionen die Verseuchung
nicht aufhalten.

---

[15] *Berkner*, in: Taylor, S. 134.

[16] Gem. Art. 1 Abs. 3 der SVN hat die UN sich folgendes Ziel gesetzt:
„... eine internationale Zusammenarbeit herbeizuführen, um internationale
Probleme wirtschaftlicher, sozialer, kultureller und humanitärer Art zu
lösen und die Achtung vor den Menschenrechten und Grundfreiheiten für
alle ... zu fördern und zu festigen“.

[17] „From the (US) Coast Guard we learned recently that polluting oil
spills reported as violations of the law have greatly increased in number.
During an eight-year period from 1956 through 1963, there were 561 such
spills. Last year alone, 1188 such spills were reported ... From the Smith-
sonian Institute last week came estimates there are approximately ten
million tons of oil spilled each year into the marine environment — about;
twice as much as is disposed of on land — and of that total amount, approximately six to eight million tons are intentionally dumped at sea. Two and a
quarter million tons are spilled accidently. Now viewing these statistics,
which may suggest the prevailing attitude of the oil industry, can you say
whether or not the existing treaties, and those now proposed, will be
adequate to deal with the problem of environmental damage?“ Conference on
International Law and Pollution, in: Oregan Law Review, Bd. 50, 1971, S. 587;
„On the other hand, some 90 million metric tons are vaporized through the
combustion of fossil fuels, primarily the internal combustion engine, and go
into the atmosphere every year, ending up in the oceans.“ *Strong*, Foreign
Affairs, 1973, Bd. 51, S. 704.

Literaturverzeichnis

Soweit nicht eine besondere Zitierweise angegeben ist, werden die Arbeiten nach dem Namen des Verfassers zitiert.

Albig, W.: Modern Public Opinion, in: Festschrift für A. Verdross, Wien 1960, S. 147 ff.

Alexander, L.: The Law of the Sea, Columbus, Ohio 1967

Alvensleben, O. v.: U-Bootkrieg und Völkerrecht, Berlin 1916

Andree, M.: Blockade — Eine völkerrechtliche Untersuchung, Würzburg 1938

Anzilotti, D.: Lehrbuch des Völkerrechts, Bd. I, Berlin 1929
— Teoria generale della responsabilità dello stato nel diritto internazionale, Florenz 1902

Aréchaga, E. de: International Responsibility, in Sørensen, Manual of Public International Law, New York 1968, S. 535 ff.

Arntz, H.: Bedingungen nationaler und internationaler Informationspolitik, in: Moderne Mittel des Verwaltungshandelns, Godesberg 1970, S. 95 - 118

Bemis, S.: Diplomatic History of the United States, New York 1953

Berber, F.: Lehrbuch des Völkerrechts, Bd. II, München 1969
— Völkerrecht Dokumentensammlung Bd. I u. II, Berlin 1967

Bergsträsser, A.: Diplomatie, in: WVR², Bd. I, S. 359 ff.

Berkner, D.: Truth and Consequences in a New Era, in: Taylor, Das Selbstmordprogramm, Frankfurt 1970

Bock, I.: Die Entwicklung des Minenrechts von 1900 - 1960, Hamburg 1963

Bonfils, H. und P. *Fauchille*: Manuel de droit international public, 7. Auflage, Paris 1914

Bowett, D.: The Law of the Sea, New York 1967

Briely, J.: The Law of Nations, 5. Auflage, Oxford 1955

Brockhaus Enzyklopädie Bd. II, Wiesbaden 1967

Brown, E.: The Legal Regime of Hydrospace, London 1971

Bundesministerium der Justiz: Das Juristische Informationssystem — Analyse, Planung, Vorschläge, Bonn 1972

Bustamente y Sirven, A.: Das Territorialmeer, Berlin 1930

Carson, R.: Der stumme Frühling, München 1962

Castrin, E.: The Present Law of War and Neutrality, Helsinki 1954

Colombos, C.: Internationales Seerecht, München 1963

Dahm, G.: Völkerrecht, Bd. I, II, III, Stuttgart 1958, 1961

Dea'k, F. und P. *Jessup:* The Collection of Neutrality Laws, Regulations and Treaties of various Countries, Bd. I, Washington 1939

Delbez, L.: Manuel de droit international public, Paris 1951

Doehring, K.: Die Pflicht des Staates zur Gewährung diplomatischen Schutzes, Köln, Berlin 1959

Dupuis, C.: Le droit de la guerre maritime d'après les conférences de la Haye, Paris 1911

Duttwyler, H.: Der Seekrieg und die Wirtschaftspolitik des neutralen Staates, Zürich 1945

Eagleton, C.: Measure of Damages in International Law, Yale Law Journal, Bd. 39, S. 52, New Haven 1930

Fawcett, J.: The exhaustion of local remedies, in: BYIL 1954, Bd. 31, S. 452 ff.

Feller und M. *Hudson:* Diplomatic and Consular Laws and Regulations, Bd. I, II, Washington 1933

Fisher, G.: The Non-Proliferation of Nuclear Weapons, London 1971

Franklin, C.: International Law Studies 1959 - 1960 of the Naval War College, Washington 1961

Gidel, G.: Le Droit International Public de la Mer, Bd. III, Paris 1934

Glahn, G. v.: Law Among Nations, London 1970

Gueldenagel, K.: Verfolgung und Rechtsfolgen des Blockadebruchs, Bonn 1911

Guggenheim, P.: Lehrbuch des Völkerrechts, Bd. I, II, Brüssel 1951

Haalck, J. und G. *Reintanz:* Internationales Seerecht, Leipzig 1972

Haefton, G. v.: Notifikation, in: WVR², Bd. II, S. 634, Berlin 1961

Hall, J.: The Law of Naval Warfare, London 1921

Hampl, F.: Die griechischen Staatsverträge des 4. Jahrhunderts v. Christus Geburt, Leipzig 1938

Hansen, B.: Zu schade zum Verbrennen, in: Westermanns Monatszeitschrift, April 1972, Braunschweig 1972

Helm, H.: Das Operationsgebiet im Seekrieg, München 1951

Henkin, L.: Politics and the Changing Law of the Sea, in: Political Science Quarterly, Bd. 89, New York 1974

Heuss, A.: Die völkerrechtlichen Grundlagen der römischen Außenpolitik in republikanischer Zeit, Wiesbaden 1963

Heydte, F. v. d.: Das Völkerrecht, Bd. I, Köln 1960

Holder, W. und G. *Brennan:* The International Legal Systems, Sydney 1972

I.A.E.A. Report: Radioactive Waste into the Atlantic Ocean, Annex 1, Wien 1967 - 68

Jenks, C.: Liability for Ultra-Hazardous Activities in International Law, in: Hague Recueil, Bd. 117, Leyden 1966

Kawelmacher, H.: Die Blockade nach der Londoner Deklaration vom 26. Februar 1909 und die Kriegserfahrungen, Köln 1927

Khoshkish, A.: The Right of Innocent Passage, Genf 1954

Kiechle, F.: Zur Humanität der Kriegsführung der griechischen Staaten, in: Historia Zeitschrift für alte Geschichte, Baden-Baden 1958

Klotz, A.: Are Ocean Polluters Subject to Universal Jurisdiction — Canada Breaks the Ice, in: The International Lawyer, Bd. 6, Chicago 1972

Kotzsch, L.: Blockade, in: WVR², Bd. I, S. 215, Berlin 1960

Kruse, H.: Minen, in: WVR², Bd. II, S. 538, Berlin 1961

Kunz, J.: The Law of War, in: AJIL, Bd. 50, S. 313, Washington 1956

— Die neuen amerikanischen Flotteninstruktionen, in: Österr. ZöR, S. 298, Wien 1957

— Sanctions in International Law, in: AJIL, Bd. 54, S. 324, Washington 1960

Lauterpacht, H.: Annual Digest and Reports of Public International Cases, London 1935 - 37

Lewin, D. und G. *Kaljushnaja:* Völkerrecht, Moskau 1964 (übersetzt vom DDR Verlag, Berlin-Ost 1967)

Liszt, F.: Das Völkerrecht systematisch dargestellt, Berlin 1907

Lundholm, B.: Interactions between Oceans and Terrestrial Ecosystems, in: Global Effects on Environmental Pollution

Lutterbeck, E.: Automatische Dokumentation, in: Moderne Mittel des Verwaltungshandelns, Godesberg 1970, S. 55 - 77

McDougal, M.: International Law and the Law of the Sea, in: Alexander, The Law of the Sea, Columbus 1966

McDougal, M. und W. *Burke:* The Public Order of the Oceans. A contemporary international law of the sea, New Haven, London 1962

Lord McNair, A.: The Law of Treaties, Oxford 1961

Meadows, D.: Die Grenzen des Wachstums, Stuttgart 1972

Moore, J.: International Arbitrations, Bd. II, Washington 1898

Mostert, N.: Chaos auf See, in: Das Beste, Oktober 1972

Münch, I. v.: Völkerrecht in programmierter Form, Berlin, New York 1971

Murty, B.: Settlements of Disputes, in: Sørensen, Manual of Public International Law, London 1968

Nys, E.: Les Fleuves Internationaux Traversant Plusieurs Territoires. L'Escaut en Droit Des Gens, in: Rev. DILC, Année 35, Ser. 2, Bd. 5, Bruxelles 1903

— Le Droit International, in: Les Principes, les Théories, les Faits, Bruxelles 1912

Perels, F.: Das internationale öffentliche Seerecht der Gegenwart, Berlin 1882

Petaccio, V.: Water pollution and the Future Law of the Sea, in: ICQL, Bd. 21, 1972, S. 15 - 41

Philipson, C.: The International Law and Custom of Ancient Greece and Rome, Bd. I, II, London 1911

Philipson, C.: Termination of War and Treaties of Peace, London 1916

Phillimore, R.: Commentaries upon international law, Bd. 1 - 4, London 1879, 1882, 1885, 1889

Pradelle-Politis, La: Recueil des Arbitrages Internationaux, Bd. I, II, III, Paris 1932 - 34

Preiser, W.: Völkerrechtsgeschichte, in: WVR², Bd. III, S. 682 ff., Berlin 1962

— Die Epochen der antiken Völkerrechtsgeschichte, in: JZ 1956, S. 737 ff.

O'Connell, D.: International Law, Bd. I, II, 2. Aufl., London 1970

Oechsner, F.: Das Minenlegen auf Hoher See, Würzburg 1926

Oppenheim, L. und H. *Lauterpacht:* International Law — A Treatise, Bd. I, 8. Aufl., London 1961

Ralston, J.: The Law and Procedure of International Tribunals, Los Angeles 1926

Reibstein, E.: Völkerrecht, eine Geschichte seiner Ideen in Lehre und Praxis, Freiburg - München 1958

Rousseau, C.: Droit international public, Paris 1953

Scala, R.: Die Staatsverträge des Altertums, Leipzig 1898

Schaeder, H.: Das Persische Weltreich, Breslau 1941

Schmitz, E.: Die Zulässigkeit von Sperrgebieten im Seekrieg, Hamburg 1966

— Sperrgebiete im Seekrieg, in: ZaöRV, 1939, S. 640 ff.

Schramm, G.: Das Prisenrecht in seiner neusten Gestalt, Berlin 1913

Schücking, W.: Die Verwendung von Minen im Seekrieg, in: ZiPöR, Bd. 16, 1906, S. 130 ff.

Seidl-Hohenveldern, I.: Völkerrecht, Köln 1969

Simitis, S.: Informationskrise der Rechts- und Datenverarbeitung, Karlsruhe 1970

Sørensen, M.: The Law of the Sea, in: International Conciliation, 1958, Nr. 520

— Manual of Public International Law, New York 1968

Stadtländer, G.: Die Verwendung von Minen im Seekrieg, Kiel 1938

Starke, J.: An Introduction to International Law, London 1954

— Imputability in International Delinquencies, in: B.Y.I.L., London 1938

Steinbuch, K.: Falsch programmiert, 8. Aufl., Stuttgart 1970

— Die informierte Gesellschaft, 3. Aufl., Hamburg 1970

Strong, M.: One Year after Stockholm, in: Foreign Affairs, Bd. 51, New York 1973, S. 690 ff.

Strupp, K. und H. *Schlochauer:* Wörterbuch des Völkerrechts, Bd. I, Berlin 1960, Bd. II, Berlin 1961, Bd. III, Berlin 1962

Suche, J.: Der Meerengenvertrag von Montreux vom 20. Juli 1936 und seine Vorgeschichte, München - Leipzig 1936

Taylor, G.: Das Selbstmordprogramm, Frankfurt 1971

Ténékides, G.: Droit international et communautés fédérales dans la Grèce des Cités, in: RdC, Bd. 90, 1956, 2, S. 469 ff.

Thaler, P.: Die Haftungsfrage im Seeminenrecht, Würzburg 1913

Tunkin, G.: Völkerrechtstheorie, Berlin 1972

Turlington, E.: The world war period, in: Neutrality History Economics, Bd. III, 1936

Ullmann, E.: Die Fortbildung des Seekriegsrechts durch die Londoner Deklaration, in: JöR, 1910, Bd. 4, S. 1 - 55

Vanselow, E. und E. *Waldkirch:* Neutralitätsrecht, Handbuch des Völkerrechts, 5. Abteilung, 6. Bd., Stuttgart 1936

Verdross, A.: Völkerrecht, 5. Aufl., Wien 1964

Webster, D.: New Twenthieth Century Dictionary of the English Language, Cleveland, New York 1968

Wehberg, H.: Das Seekriegsrecht, Handbuch des Völkerrechts, Bd. IV, Stuttgart 1915

Visscher, C. de: Le déni de justice en droit international, Hague Receuil, Bd. 52, Leyden 1966, S. 421

— Theory and Reality in Public International Law, Princeton 1968

Weizsäcker, C. v.: Die Einheit der Natur, München 1971

Wengler, W.: Völkerrecht, Bd. I und II, Berlin - Göttingen - Heidelberg 1964

Westlake, J.: International law, Bd. I und II, Cambridge 1910, 1913

Wetzstein, P.: Die Seeminenfrage im Völkerrecht und das Haager Abkommen über die Legung unterseeischer selbsttätiger Kontaktminen vom Jahre 1907, Leipzig 1909

Whipple, A.: Special Report — An ugly new footprint in the sand, in: Life Magazine, 30. 3. 1970

Wilson, G.: Handbook of International Law, St. Paul 1939

Printed by Libri Plureos GmbH
in Hamburg, Germany